www.ingramcontent.com/pod-product-compliance
Lightning Source LLC
LaVergne TN
LVHW010838051026
849532LV00007B/2746
* 9 7 8 9 3 6 9 0 8 1 9 2 9 *

کلامِ اردو: نقد و نظر

(تحقیقی و تنقیدی مضامین)

مرتبہ:

سید حیدر آبادی

Kalaam-e-Urdu : naqd-o-nazr (Essays)
by: Syed Hyderabadi
Edition: December '2025
Publisher :
Taemeer Publications LLC (Michigan, USA / Hyderabad, India)

ISBN 978-93-6908-192-9

کتاب	:	**کلامِ اردو: نقد و نظر**
مرتب	:	**سید حیدرآبادی**
بہ تعاون	:	اودھ نامہ ڈاٹ کام ویب سائٹ
صنف	:	تحقیق و تنقید
ناشر	:	تعمیر پبلی کیشنز (حیدرآباد، انڈیا)
سالِ اشاعت	:	۲۰۲۵ء
صفحات	:	۹۶
سرورق ڈیزائن	:	تعمیر ویب ڈیزائن

فہرست

پیش لفظ

اردو زبان، اپنی شیرینی، وسعت اور تہذیبی گہرائی کے باعث برصغیر کی گنگا جمنی ثقافت کا ایک حسین اور نمایاں مظہر رہی ہے۔ یہ محض الفاظ کا مجموعہ نہیں بلکہ کئی صدیوں کی تاریخ، روایات اور باہمی ہم آہنگی کا ایک زندہ جاوید عکاس ہے۔ اس نے مختلف اقوام اور مذاہب کے لوگوں کو ایک لڑی میں پرویا ہے اور محبت، امن اور رواداری کے آفاقی پیغامات کو عام کیا ہے۔ اس کی فصاحت و بلاغت، اس کی شعری و نثری خوبیاں اور اس کی لچکداری نے اسے ہر دور میں منفرد اور ہر دل عزیز بنائے رکھا ہے۔ ماضی میں یہ نہ صرف درباری زبان رہی ہے بلکہ عوام کی زبان بھی رہی ہے، جس نے روزمرہ کی بول چال سے لے کر اعلیٰ ادبی تخلیقات تک ہر میدان میں اپنا لوہا منوایا ہے، اور اس نے علم و ادب کے بے پناہ خزانوں کو اپنے دامن میں سمیٹا ہے۔ تاہم، آج اردو کو عوامی سطح پر استعمال کے، تعصبانہ سیاست کے، اور اپنی شناخت کے حوالے سے کئی گہرے چیلنجز کا سامنا ہے۔ اسے کبھی ایک مخصوص مذہب سے جوڑا جاتا ہے تو کبھی اسے "غیر ملکی" زبان قرار دے کر اس کے ہندوستانی تشخص کو مجروح کرنے کی مذموم کوشش کی جاتی ہے۔ نئے لسانی رجحانات، تعلیمی اداروں میں اس کی اہمیت میں مسلسل کمی اور

نئی نسل کی اس سے دوری اردو کے تابناک مستقبل کے بارے میں فکر مندی کا باعث بن رہی ہے۔ یہ صورتحال زبان کے شیدائیوں کے لیے ایک لمحہ فکریہ ہے جو اس کی بقا اور ترقی کے لیے بے تاب ہیں۔ اس کے باوجود، اردو کی بقا اور فروغ کے لیے سنجیدہ، بے لوث اور اجتماعی کوششوں کی اشد ضرورت ہے تاکہ یہ اپنی بھرپور توانائی کے ساتھ زندہ رہے اور اپنی تاریخ ساز حیثیت اور ثقافتی و ادبی ورثے کو برقرار رکھ سکے۔ اس کتاب میں شامل یہ نو فکر انگیز مضامین اسی فکری عمل کا حصہ ہیں جو اردو کے ان گہرے مسائل کو اجاگر کرتے ہیں اور ان کے حل کی عملی راہیں تلاشنے کی سنجیدہ کوشش کرتے ہیں۔

زیر نظر مجموعہ "کلام اردو: نقد و نظر" نو (۹) ایسے تحقیقی اور تنقیدی مضامین پر مشتمل ہے جو اردو زبان کی موجودہ صورتحال، اس کے مسائل اور اس کے روشن مستقبل کے امکانات کا جامع جائزہ پیش کرتے ہیں۔ مفتی محمد ثناء الہدیٰ قاسمی کا مضمون "عوامی سطح پر اردو کا استعمال" اردو کے عوامی استعمال کی کمی پر روشنی ڈالتا ہے اور سیمیناروں کی بجائے زمینی سطح پر تحریک چلانے کی اہمیت پر زور دیتا ہے۔ کامران غنی صباؔ کا مضمون "اردو میں کیریر: چیلنجز اور امکانات" اردو میں روزگار کے بڑھتے ہوئے مواقع کو اجاگر کرتا ہے اور اس تاثر کو غلط ثابت کرتا ہے کہ اردو پڑھنے والوں کو نوکریاں نہیں ملتیں۔ عارف نقوی اپنے مضمون "اردو کی مقبولیت اور مسائل تجربات کے آئینے میں" میں اردو کو عام آدمی سے جوڑنے، اسے محض ادبی مباحث تک محدود نہ رکھنے اور سادہ زبان استعمال کرنے کی وکالت کرتے ہیں۔ مرزا عادل بیگ "کیا اردو اسکول صرف غریب مسلمانوں کے لیے

ہیں؟" کے ذریعے اردو تعلیم میں طبقاتی تقسیم اور اس کے معاشرتی اثرات پر سوال اٹھاتے ہیں۔

معصوم مرادآبادی اپنے مضمون "اردو کا جنازہ ہے ذرا دھوم سے نکلے" میں اردو اکیڈمیوں کی بدانتظامی اور سیاست زدگی پر شدید تنقید کرتے ہیں۔ حقانی القاسمی "غیر مسلم فنکاروں کا منظوم تذکرہ: ناز برداران اردو" کے ذریعے اردو کے غیر مسلم شعراء و ادبا کی گراں قدر خدمات کو یاد کرتے ہوئے اردو کے مشترکہ ورثے کو مضبوط بناتے ہیں۔ عارف نقوی کا دوسرا مضمون "جرمنی میں اردو ذاتی تجربات کی روشنی میں" جرمنی میں اردو کے فروغ کے لیے اپنی ذاتی کوششوں اور وہاں درپیش چیلنجز کو بیان کرتا ہے۔ فہیم اختر کا مضمون "مہجری ادب، بیچاری اردو اور مفاد پرستی" مہجری ادب کے نام پر ہونے والی مفاد پرستی اور اردو کو تقسیم کرنے کی کوششوں پر تشویش کا اظہار کرتا ہے۔ آخر میں، عرفان رشید کا "کشمیر کا معاصر اردو افسانہ" کشمیری اردو افسانے کی تاریخ اور موجودہ صورتحال کا تفصیلی جائزہ لیتا ہے، مزاحمتی ادب اور خواتین افسانہ نگاروں کی خدمات کو سراہتا ہے۔

یہ تمام مضامین اردو کی موجودہ حالت اور اس کے مستقبل کے لیے ایک جامع فکری بنیاد فراہم کرتے ہیں۔

عوامی سطح پر اردو کا استعمال

مفتی محمد ثناء الہدیٰ قاسمی

عوامی سطح پر اردو کو جو سب سے بڑا مسئلہ ان دنوں در پیش ہے، وہ ہے اردو کا عوامی استعمال، ہم اردو کو مادری زبان کہتے ہیں اور اسے مسلمانوں کے ساتھ خاص کرتے ہیں، کہ یہ مسلمانوں کی مادری زبان ہے، ایک تو زبان کو مذہب کے ساتھ خاص کرنا غلط ہے، دوسرے یہ بھی صحیح نہیں ہے کہ عملی طور پر یہ ہماری مادری زبان ہے، عملی کا لفظ میں نے شعوری طور پر استعمال کیا ہے، عوامی سطح پر دیکھیں تو روز مرہ اور بول چال کی زبان نوے فی صد لوگوں کی اردو نہیں ہے، ہمارے گھروں میں زبان بولی ہی نہیں جاتی، ہم مختلف قسم کی بولیوں کو زبان سے تعبیر کرتے ہیں، ہمارے گھروں میں جو زبان بولی جا رہی ہے، وہ کہیں بھوجپوری ہے، کہیں میتھلی ہے، کہیں مگہی ہے، کہیں سنتھالی ہے، کہیں بنگالی ہے، کہیں اڑیہ ہے، کہیں کوکنی ہے، کہیں وجیکا ہے، کہیں کچھ اور ہے، ان میں سے کچھ زبان (Language) کے زمرے میں آتے ہیں اور بیش تر بولیاں (Dialect) ہیں، ہمیں یہ بھی اچھی طرح معلوم ہے کہ بقول اختر اورینوی "ابھی تک کوئی ایسا ماہر لسانیات پیدا نہیں ہوا، جو بولی اور زبان کے درمیان واضح اور مستقل خط فاصل کھینچ سکے۔ لطیفہ یہ ہے کہ

ڈاکٹر محی الدین زور نے اردو کو ہندوستانی یا کھڑی قدیم ویدک بولیوں میں سے ایک بولی ہی قرار دیا ہے، جو ترقی کرتے کرتے یا یوں کہئے کہ ادلتے بدلتے پاس پڑوس کی بولیوں کو دیتے اور کچھ ان سے لیتے اس حالت کو پہونچی جس میں آج ہم اسے دیکھتے ہیں۔

ہمارے بچے اور عوام بھی انہیں بولیوں میں سے کسی ایک کا استعمال کرتے ہیں، اس لیے میرے نزدیک عوامی سطح پر اردو کو جو سب سے بڑا مسئلہ درپیش ہے وہ اسے بولی سے نکال کر اردو زبان تک لانے کا ہے، تاکہ یہ عوام کی زبان بن سکے، اس مسئلہ کا حل سمینار سمپوزیم سے زیادہ گاؤں اور محلہ کی سطح پر اسے مہم کے طور پر متعارف کرانا ہے، مہم بہت پتہ ماری کا کام ہوتا ہے، جبکہ سمینار و سمپوزیم میں وہ جان کاہی نہیں کرنی ہوتی ہے، اس لیے معذرت کے ساتھ یہ کہنا پڑتا ہے کہ ہم سمینار و سمپوزیم کر کے مطمئن ہو جاتے ہیں کہ ہم نے بڑا کام کر لیا، جب کہ عوامی سطح پر اس کے اثرات کچھ نہیں ہوتے اور بات نشستند، گفتند، برخاستند سے آگے نہیں بڑھ پاتی، یقینا کہیں آگ لگی ہو تو پانی پانی چلانا بھی ایک کام ہے، لیکن آگ بجھانے اور پانی کے حصول کے لیے بالٹی میں پانی لے کر دوڑنا یا دم کل والے کو بلا لینا بالکل دوسرا کام، پہلے سے بڑا بھی اور نتیجہ کے اعتبار سے مفید بھی، میں سیمینار، سمپوزیم کی افادیت کا انکار نہیں کرتا، میں صرف یہ کہنا چاہتا ہوں کہ سمینار سمپوزیم سے موضوع کو متعارف کرایا جا سکتا ہے، اردو کے مخلصین تک بات پہونچائی جا سکتی ہے، لیکن عوام کو بولیوں سے نکال کر زبان تک لانے کے لیے ٹولیوں کی ضرورت ہے جو ہر دروازے پر دستک دے اور ہر دماغ کو اپیل کرے اور لوگوں کو متوجہ

کرے کہ وہ اردو میں بات کرنا شروع کریں، اس کے لئے ضروری ہے کہ ہر ضلع میں ضلع سے بلاک سطح تک کمیٹی بنائی جائے جو گاؤں گاؤں، دیہات دیہات میں جاکر تحریک چلائے اور اردو بیداری کی لہر گاؤں گاؤں تک پہونچائے۔

اب تو صورت حال یہ ہے کہ ہم سوچتے ہندی اور انگریزی ہی میں ہیں، ہماری زبان پر جو کلمات فوری طور پر جاری ہوتے ہیں وہ اردو کے علاوہ ہوتے ہیں، ہمیں اردو میں لکھنا بولنا ہوتا ہے تو ہم اس کے متبادل الفاظ تلاش کرتے ہیں، کامیابی نہیں ملی، ذہن متبادل الفاظ تک نہیں پہونچ سکا تو بلا تکلف دوسری زبان کے الفاظ استعمال کرتے ہیں اور یہ سوچ کر مطمئن بھی ہو جاتے ہیں کہ اس سے اردو کے ذخیرہ الفاظ میں اضافہ ہوتا ہے۔ دوسری زبانوں کی ترکیب، لغت اور قواعد کے اثرات سے زبان مالا مال ہوتی ہے، پروفیسر ثوبان فاروقی نے ایک بار کہا تھا کہ

" آج بنیادی مسئلہ اردو کے لیے کچھ کھونے اور پانے کا نہیں، اردو کی بقا کا ہے، اردو جو ایک زبان ہی نہیں، مستقل تہذیب کلچر اور طرز زندگی ہے، پچھلے پچاس سالوں میں اردو کہیں گم ہوگئی ہے، وہ نسل اٹھ گئی، جس کے احساسات، تخیلات، جس کی سوچ اور فکر جس کی وضع قطع، اور طرز زندگی اردو تھی، اب جو نسل ہمارے سامنے ہے وہ اردو کے مترجمین کی نسل ہے، ہمارے خیالات کو منتقل کرنے کے لیے جو الفاظ اچھلتے کودتے ہمارے سامنے آتے ہیں وہ اردو میں دوسری زبان کے الفاظ ہوتے ہیں، ہم ان کو دباتے ہیں، پھر اس کا متبادل تلاش کرتے ہیں، ہمارے محاورے اور تلفظ تک بگڑ رہے ہیں، بلکہ بگاڑنے کی منظم کوشش ہو رہی ہے"۔

لسانیات کے طلبہ کو اس صورت حال سے کس قدر پریشانیاں ہوتی ہیں، اور

عجیب عجیب لسانی گتھیوں کے سلجھانے میں کتنا وقت صرف ہوتا ہے، اس کا اندازہ انہی لوگوں کو ہے جو اس کام سے لگے ہوئے ہیں؛ اس لئے اردو کو عوامی بنانے کے لیے ہمیں اپنی اس سوچ کو بھی بدلنا ہوگا اور یقیناً اس سوچ کو بدلنے میں عوام کا حصہ کم، ہمارے اردو کے اساتذہ، تنقید نگار اور ادیب و شاعر کا حصہ زیادہ ہے، اگر ان حضرات نے اپنی ذمہ داری کو نبھایا تو اردو کو عوامی بنانے کی مہم کامیاب ہو سکتی ہے۔ اگر یہ مہم کامیاب ہوتی ہے تو ہمیں یہ شکایت نہیں رہے گی کہ دوکانوں کے بورڈ زیادہ تر اردو میں نہیں لکھے جاتے، کیوں لکھے جائیں؟ دوکاندار سوچتے ہیں کہ اردو پڑھنے والے جب موجود ہی نہیں ہیں یا اقل قلیل ہیں تو اس زبان میں سائن بورڈ لگانے کا حاصل کیا ہے، اردو عوامی بنے گی تو لوگ سائن بورڈ اور نیم پلیٹ اردو میں لگانے لگیں گے اور دوسری زبانوں کے ساتھ اردو کا استعمال بھی عوامی سطح تک ہو سکے گا۔

اردو کو عوامی بنانے میں دوسرا بڑا مسئلہ مادری زبان کو ذریعہ تعلیم بنانے کا ہے، مادری زبان میں ہم اپنے بچوں کو تعلیم دینے میں ناکام ہو گیے ہیں، ہمارے زیاہ تر بچے اب گھر میں تعلیم نہیں پاتے، نہ ماؤں کے پاس انہیں دینے کے لیے وقت ہے اور نہ باپ کو اس کی فکر ہے، کم عمری میں ہی اسے کسی کنونٹ میں ڈال دیا جاتا ہے، جہاں اسے جو زبان اور تہذیب سکھائی جاتی ہے وہ کم از کم نہ تو اردو زبان ہوتی ہے اور نہ اس سے متعلق تہذیب، یہ بچے جنہوں نے اپنے ابتدائی درجات میں اردو سے کسی درجہ میں واقفیت نہیں بہم پہونچائی ہے، آگے چل کر اردو کی طرف ان کی رغبت ہو ہی نہیں سکتی، ایک شاعر نے کہا ہے۔

ہماری قوم کے بچوں کو انگلش سے محبت ہے
ہمیں غم ہے کہ مستقبل میں اردو کون بولے گا

اس معاملے میں اگر کسی درجہ میں استثناء ہے تو مولویوں کا، ان کے بچے مدارس اور مکاتب میں پڑھتے ہیں، جہاں اردو ہی ان کا اوڑھنا بچھونا ہوتا ہے، وہ دوسرے معاملات میں دنیاوی اعتبار سے جس قدر ناکام ہوں، لیکن اگر صد فی صد کہیں سے اردو زبان کو عوامی آکسیجن مل رہا ہے تو وہ مدارس دینیہ اسلامیہ ہیں، جن کا ذکر سمینار سمپوزیم میں کم ہوتا ہے، اور اردو کی سب سے زیادہ خدمت کرنے والا یہ طبقہ سرکاری سطح کے انعامات اور اس سے حاصل ہونے والے مفادات سے کوسوں دور ہوتا ہے، بہت دور جانے کی ضرورت نہیں ہے، بہار اردو اکیڈمی کے ذریعہ تقسیم انعامات کی شروع سے آج تک کی فہرست ہی اٹھا کر دیکھ لیں تو معلوم ہو گا کہ اردو کے اس زمرہ کے خدام کی کس قدر ان دیکھی کی گئی ہے، سرکاری روپیوں سے چلائے جانے والے دوسرے اداروں کی صورت حال بھی اس سے زیادہ مختلف نہیں ہے۔ اردو کو عوامی بنانے کے لئے اس طبقے کی خدمات کی پذیرائی اور اس کا کھل کر اعتراف کرنے کے ساتھ ساتھ مختلف اکیڈمیوں اور اداروں کے ذریعہ ان کی حوصلہ افزائی کی بھی ضرورت ہے، کیونکہ یہ اردو کے بے لوث خادم ہیں، انہوں نے اس نام پر نہ عوام سے کچھ لیا ہے اور نہ سرکار سے، صرف خدمت کیے جا رہے ہیں۔ اردو کے دانشور اور اردو کی روٹی کھانے والے افسران اور ذمہ داران کہتے ہیں کہ مدارس میں تو چار فی صد ہی بچے پڑھتے ہیں، وہ اپنی ناکامی کو چھپانے کی فکر میں یہ بھول جاتے ہیں کہ یہ چار فی صد بچے سو فی صد اردو پڑھتے ہیں، بقیہ چھیانوے فی صد

میں اردو پڑھنے والے کا تناسب دو فی صد بھی نہیں ہے۔

اردو کے سرکاری اسکول بھی اس زبان کو عوامی بنانے میں اہم رول ادا کر سکتے ہیں، لیکن سرکاری اداروں کا اپنا ایک طریقہ کار ہوتا ہے، اور بحالی کے سلسلے میں اپنی ترجیحات ہوتی ہیں، اس لیے کہیں تو اردو کے استاذ ہی سرے سے دستیاب نہیں ہیں اور جہاں ہیں بھی ان کی دلچسپی اس زبان کو عوام تک پہونچانے سے کم ہی ہے، اس کی بنیادی وجہ یہ ہے کہ اردو کے نام پر بحالی تو ہو گئی ہے؛ لیکن خود استاذ کی اپنی زبان اردو نہیں ہے، وہ اردو سے زیادہ ہندی پر قدرت رکھتے ہیں، ایسے استاذ کے ذریعہ جو بچے اردو سیکھتے ہیں ان کا املا، جملہ، تلفظ سب کچھ غلط ہوتا ہے، کبھی کبھی تو بعض الفاظ کے لکھتے اور بولتے وقت مضحکہ خیز صورت حال ہو جاتی ہے، اس کی وجہ سے بھی اردو کو عوامی استعمال کی زبان بنانے میں مشکلات کا سامنا ہے، مشکل کا حل استاذ کے اپنے پاس ہے، جو طلبہ ان کے پاس آگیے ہیں، ان کو امانت سمجھیں اور طلبہ پر اپنی توجہ صرف کریں، اپنی صلاحیتوں کو بڑھانے کی بھی کوشش کرتے رہیں، اس کا حل صرف اور صرف مطالعہ کی کثرت ہے، مطالعہ کی کمی کی وجہ سے اردو کی معلومات کمزور ہوتی ہے اور کمزور معلومات جب ہم طلبہ کو منتقل کرتے ہیں تو منتقلی اس سے بھی کمزور ہوتی ہے، اور کار طفلاں تمام ہو جاتا ہے۔

اردو پڑھانے کے ساتھ اردو بولنے اور لکھنے کی مشق بھی طلبہ کو کرانی چاہیے، لیکن اگر استاذ خود اردو بولنے کے بجائے "وجیکا" اور دوسری بولیوں کا استعمال کرتے ہوں تو طلبہ کس طرح اردو بولنے پر قدرت پائیں گے، اسی طرح اردو لکھنے کی مشق کا معاملہ ہے، لکھنے میں املا کی صحت کے ساتھ خوبصورت تحریر کا بھی بڑا دخل ہے، اور

عوامی طور پر یہ خوبصورتی بھی باعث کشش ہوتی ہے، اس کے لیے ضروری ہے کہ تلفظ اور املا کی صحت کے ساتھ تحریر بھی خوبصورت بنائی جائے، یوں تو سیکھنے کی کوئی عمر نہیں ہوتی، ہر عمر میں اپنے سے فائق لوگوں سے سیکھنے کے عمل کو جاری رکھا جا سکتا ہے، لیکن بڑی عمر میں یک گونہ حجاب آتا ہے اور اس حجاب کی وجہ سے ہم شرمندگی محسوس کرتے ہیں، اس لیے بڑی عمر میں تحریر کی درستگی کا سب سے بہتر طریقہ یہ ہے کہ تھن پیپر لیکر اسے مطبوعہ اردو کتابوں پر رکھ کر قلم پھیرا جائے اور روزانہ دو تین صفحہ اس طرح لکھا جائے تو ہاتھ بیٹھ جائے گا اور تمام حروف اور اس کے مرکبات کے لکھنے کی مشق ہو جائے گی۔

عوامی بیداری کے لیے کرنے کا ایک بڑا کام یہ بھی ہے کہ سرکار کے ذریعہ سابقہ اعلانات کو عملی طور پر نافذ کرنے کی جد وجہد کی جائے، سرکار نے بار بار اعلان کیا ہے کہ دس طالب علم ہوں تو ایک استاذ بحال ہوں گے، ہمارا کہنا یہ ہے کہ استاذ بحال کیجیے، لڑکے آئیں گے، یہ پہلے انڈا یا پہلے مرغی والا معاملہ ہے، ہم پہلے مرغی کے قائل ہیں، مرغی موجود ہو اور وہ دیہاتی مرغی ہو، چکن نہ ہو تو انڈا تو آئے گا ہی، لیکن سرکار بغیر مرغی کے انڈا چاہتی ہے یہ تو کسی بھی حال میں ممکن نہیں ہے۔

عوامی سطح پر اردو کو درپیش مسائل میں ایک یہ بھی ہے کہ اردو میں لکھی ہوئی درخواستیں سرکاری محکموں میں ردی کی ٹوکری میں ڈال دی جاتی ہیں، اس کی وجہ سے عوام اردو میں درخواست دینے سے گریز کرنے لگی ہے، ڈاکٹر شکیل خاں صاحب کا یہ بیان بہت پہلے نظر سے گزرا تھا کہ انہوں نے سینکڑوں درخواستیں اردو میں ارسال کیں اور ان کا کوئی جواب اردو میں انہیں موصول نہیں ہو سکا۔ اور اب

درخواستوں کا تو مسئلہ ہی نہیں ہے، سارے فارم ہندی میں چھپے ہوئے ہیں، آپ ان کی خانہ پُری لازماً ہندی ہی میں کریں گے، اردو میں فارم دستیاب ہو یا کم از کم اسی فارم میں اردو کا اضافہ کر دیا جائے تو فارم اردو میں بھرے جا سکیں گے، اردو سے متعلق سرکاری اداروں کو اس طرف پہل کرنی چاہیے۔ دوسرے کام کے لیے عوامی سطح پر درخواستیں ہی اردو میں کم پڑتی ہیں، یا نہیں پڑتی ہیں، اس لیے جن جگہوں پر مترجم بحال ہیں وہ بھی دوسری فائلوں پر لگادیے گیے ہیں، اور وہ بخوشی اس کام میں لگ گیے ہیں، کیونکہ دوسری فائلیں زیادہ "بار آور" ہیں، انہوں نے اس تبدیلی پر کوئی احتجاج کبھی درج نہیں کرایا، اور مطمئن ہو گیے کہ وہ سرکاری ملازم ہیں، اس صورت حال کی وجہ سے بھی عوامی طور پر اردو کا استعمال سرکاری دفاتر میں کم ہوا ہے، واقعہ یہی ہے، چاہے جس قدر بھی تلخ ہو کہ ہم نے اردو کے نام پر روٹیاں زیادہ سینکی، ہیں کام کم کیا ہے۔

اس کا سب سے بڑا ثبوت یہ ہے کہ اردو ہائی پروفائل اعلیٰ سطح کے لوگوں کے یہاں سے غائب ہے، ان کے یہاں ہندی انگریزی کے اخبارات ورسائل تو آتے ہیں، اردو اخبارات ورسائل کی بات کیجئے تو کہتے ہیں کہ اردو کے اخبارات ورسائل کا معیار ہی کیا ہے، باسی خبریں، غیر ضروری اور غیر معیاری مضامین، طباعت ایسی کہ چھونے سے ہاتھ کالے ہو جائیں، جتنی کمی کوتاہی ممکن ہے نکال دی جاتی ہے اور نئی نسل کو ان سے دور رکھنے کی کوشش کی جاتی ہے ایسے میں اردو کو عوامی بنانا کس طور ممکن ہو سکتا ہے۔

یہ مسائل سرکار کے پیدا کردہ نہیں ہیں، یہ تو ہماری ذہنی پستی کے نتیجے میں در

آئے ہیں، اس کو دور کرنے کے لیے ہمیں خود ہی جد وجہد کرنی ہوگی، آج تک ہمارا طریقہ یہ رہا ہے کہ ہم ہر کمی کوتاہی کے لیے دوسروں کو مورد الزام ٹھہراتے رہے ہیں، اس موقع سے داخلی طور پر جائزہ لینے کی ضرورت ہے کہ ہم نے اپنے عمل سے اردو کو عوامی بنانے میں کتنی رکاوٹیں پیدا کی ہیں، اصل معاملہ یہ ہے کہ خارجی سطح پر بھی اردو کو عوامی بنانے میں جو رکاوٹیں ہیں وہ ہماری بے حسی کے نتیجے میں ہیں، ہم نے ہمیشہ سرکار کی طرف دیکھا ہے، اپنے گریبان میں جھانکنے کی نوبت کم آئی ہے، یادرکھیے زندہ قومیں اپنے مسائل خود حل کرتی ہیں، انہیں چار لوگوں اور چار کاندھوں کی ضرورت نہیں ہوا کرتی، چار کاندھے مُردوں کے لیے ہوتے ہیں، زندہ قوموں کو اپنا بوجھ، اپنے مسائل، اپنی پریشانیاں خود اٹھانے ہوتے ہیں، جس دن ہم نے یہ طے کرلیا کہ اردو کا مسئلہ ہم خود حل کریں گے اس دن سے اردو کو عوامی بنانے میں کوئی رکاوٹ حائل نہیں ہوگی، کیونکہ

ع۔ کسی دیوار نے سیلِ جنوں روکا نہیں اب تک

***

اردو میں کیریر: چیلنجز اور امکانات

کامران غنی صبا

سال ۲۰۲۰ ختم ہونے والا ہے۔ عالمی وبا کورونا کی وجہ سے جہاں یہ سال معاشی بحران کا سال بن تاریخ میں محفوظ ہو چکا ہے وہیں تعلیمی اعتبار سے بھی یہ سال بہت خسارے میں رہا۔ تعلیمی اداروں میں درس و تدریس کا سلسلہ ابھی تک بند ہے۔ خدا کرے کہ نیا سال طلبہ و طالبات کے لیے بہتر ثابت ہو۔

نئے سال میں داخل ہونے کے ساتھ ہی امتحانات کا سلسلہ بھی شروع ہو رہا ہے۔ فروری میں انٹر میڈیٹ اور پھر میٹرک کے امتحانات ہونے ہیں۔ بورڈ امتحانات کے بعد طلبہ و طالبات کے سامنے سب سے بڑا چیلنج اپنے کیریر کا انتخاب ہے۔ میرے پاس اکثر طلبہ و طالبات کے فون آتے ہیں اور وہ اپنے تعلیمی سفر کو جاری رکھنے کے سلسلہ میں رہنمائی حاصل کرنا چاہتے ہیں۔ ان میں سے بہت سارے طلبہ و طالبات اردو میں اپنا کیریر بنانا چاہتے ہیں لیکن ان کے ذہن میں اس قدر خدشات بھرے ہوتے ہیں کہ وہ میدانِ عمل میں قدم رکھنے سے پہلے ہی شکست تسلیم کر لیتے ہیں۔

اردو کے تعلق سے ایک عام نظریہ یہ ہے کہ اردو پڑھنے والوں کو اچھی

ملازمت نہیں مل پاتی ہے۔ میرا تجربہ و مشاہدہ اس کے بالکل برعکس ہے۔ میں نے اردو سے تعلیم حاصل کرنے والے کسی باصلاحیت نوجوان کو کبھی بے روزگار نہیں دیکھا ہے۔ یہ بات قابلِ افسوس ضرور ہے لیکن مجھے کہنے میں کوئی مضائقہ نہیں کہ کالج اور یونیورسٹیوں میں اردو بطور لازمی مضمون پڑھنے والے طلبہ و طالبات کی اکثریت بحالتِ مجبوری اردو کا انتخاب کرتی ہے۔ ان میں کچھ تو مدارس کے ویسے طلبہ ہوتے ہیں جن کے پاس اردو یا عربی پڑھنے کے سوا دوسرا کوئی متبادل نہیں ہوتا۔ طالبات میں اکثر کے والدین انہیں اس وجہ سے اردو دلواتے ہیں کہ ان کی بچیاں آسانی سے ڈگری حاصل کرلیں گی جس کے بعد رشتہ ڈھونڈنے میں آسانی ہوگی۔ ایسے طلبہ و طالبات میں کتنے تو ایسے بھی ہوتے ہیں کہ انہیں یہ بھی پتہ نہیں ہوتا کہ ان کے نصاب میں کون کون سی کتابیں شامل ہیں یا اگر معلوم ہو بھی گیا تو نصابی کتابوں تک ان کی رسائی کورس کی تکمیل تک نہیں ہو پاتی۔ ایسے طلبہ و طالبات بازار میں چھپے گیس پیپر پڑھ کر ڈگری تو حاصل کر لیتے ہیں لیکن جب روزگار حاصل کرنے کے لیے انہیں مسابقاتی امتحانات سے گزرنا پڑتا ہے تو وہ حوصلہ ہار بیٹھتے ہیں۔ ایسے نوجوانوں کو دیکھ کر یہ تاثر قائم ہوتا ہے کہ اردو پڑھنے والوں کو روزگار نہیں ملتا اور وہ یوں ہی بے کار بیٹھتے رہ جاتے ہیں۔ میں نے کئی ایسے طالب علموں کو بھی دیکھا ہے جو امتحان سے ٹھیک ایک دن پہلے گیس پیپر لے کر آتے ہیں کہ اس میں کون کون سے سوالات اہم ہیں، بتا دیے جائیں۔ یعنی وہ گیس میں بھی گیس کرواکر اردو میں اپنا کیریر بنانا چاہتے ہیں۔

حالیہ چند برسوں میں اردو میں روزگار کے مواقع بڑھے ہیں۔ نجی شعبہ میں

اخبارات، الکٹرانک میڈیا، اشاعتی اداروں، تعلیمی اداروں میں اردو جاننے والوں کی ضرورت میں اضافہ ہوا ہے۔ سرکاری سطح پر بھی پہلے کی بہ نسبت اب زیادہ آسامیاں آتی ہیں۔ انٹرنیٹ اور جدید ٹکنالوجی آنے کے بعد اردو ٹائپ رائٹر، اردو ڈیزائنر، ویب ڈیزائنر، کمپیوٹر آپریٹر وغیرہ جیسے نئے روزگار پیدا ہوئے ہیں۔ کمپیوٹر کے ساتھ اردو جاننے والے آپریٹرز ابھی بھی بہت کم ہیں۔ یہی وجہ ہے کہ اردو کے جانکار کمپیوٹر آپریٹر کے پاس دور دراز کے لوگ بھی اپنا کام لے کر آتے ہیں۔ اخبارات اور اشاعتی اداروں کے دفاتر میں بھی اردو کے جانکار اچھے کمپیوٹر آپریٹرز ہمیشہ تلاش کیے جاتے ہیں۔ پرنٹ اور الکٹرانک میڈیا میں اچھا کیریر بنانے کے لیے بہت سارے ادارے اردو میں صحافت کا کورس بھی کرواتے ہیں۔ صحافت میں شعبہ میں کیریر بنانے کے لیے انٹر میڈیٹ کے بعد ڈپلوما ان جرنلزم یا گریجوئشن کے بعد ماس میڈیا کا کوئی کورس کیا جاسکتا ہے۔

درس و تدریس کے شعبہ میں بھی اردو کے اچھے اساتذہ کی ضرورت محسوس کی جاتی ہے۔ درس و تدریس کے شعبہ میں آنے کے لیے انٹر میڈیٹ کے بعد ڈپلوما ان ایجوکیشن (ڈی ایل ایڈ) یا گریجوئیشن کے بعد بیچلر آف ایجوکیشن (بی ایڈ) کیا جاسکتا ہے۔ ڈی ایل ایڈ یا بی ایڈ کرنے کے بعد آپ کسی اچھے پرائیوٹ اسکول یا ویکنسی آنے پر سرکاری اسکول کے لیے درخواست دے سکتے ہیں۔ ہندوستان سے باہر بھی بہت سارے ملکوں میں "انڈین اسکول" قائم ہیں۔ جہاں دوسرے مضامین کے ساتھ اردو کے اساتذہ بھی اچھی تنخواہ پر بحال کیے جاتے ہیں۔ باہر کے ملکوں میں قائم ہندوستانی اسکولوں میں اساتذہ کو قیام و طعام کے علاوہ اور بھی بہت ساری

سہولتیں دی جاتی ہیں۔ ان اسکولوں کے لیے انٹرویو ہندوستان میں ہی لیا جاتا ہے۔ کچھ اسکول آن لائن انٹرویو بھی لیتے ہیں۔

گریجوئیشن کے بعد اگر آپ نے ایم فل اور پی ایچ ڈی کر لیا اور نیٹ امتحان میں کامیابی حاصل کرلی تو آپ کالج اور یونیورسٹی کے استاد بننے کے اہل ہو جاتے ہیں۔ لیکن یہاں تک پہنچنے کے لیے بہت ہی صبر و ضبط اور جہد مسلسل کی ضرورت ہوتی ہے۔ اس لیے میرا مشورہ عام طور سے یہی ہوتا ہے کہ گریجوئیشن کرنے کے بعد بی ایڈ کر کے اسکول کی ملازمت حاصل کر لینی چاہیے۔ یہ راستہ محفوظ ہے اور آسان بھی۔ ورنہ بہت سارے لوگ گریجوئیشن کرنے کے بعد ماسٹر، ایم فل اور پی ایچ ڈی کرنے میں کئی سال لگا دیتے ہیں اور اتنے برسوں تک ملازمت نہیں ملنے کی وجہ سے احساس کمتری اور ذہنی کشمکش کا شکار ہوتے ہیں۔

اردو پڑھ کر اچھی ملازمت حاصل کرنا پہلے کی بہ نسبت آسان ہوا ہے۔ اردو میں روزگار کے مواقع پہلے سے کہیں زیادہ بڑھے ہیں۔ ضرورت صرف اس بات کی ہے کہ ہم کامیابی کا "شارٹ کٹ" نسخہ ڈھونڈنے کی بجائے محنت اور مطالعہ کی عادت ڈالیں۔ ہمیشہ اپنے سامنے بڑا ہدف رکھیں لیکن ساتھ ہی چھوٹے چھوٹے اہداف بھی حاصل کرتے جائیں۔ ان شاء اللہ کامیابی مقدر ہو گی۔

***

اردو کی مقبولیت اور مسائل تجربات کے آئینے میں

عارف نقوی

نشیب و فراز ہر انسان کی زندگی میں آتے ہیں۔ میں نے بھی کبھی جشن منائے ہیں اور کبھی آنسو بہائے ہیں۔ کبھی امنگوں، ولولوں اور جوش کا مظاہرہ کیا ہے اور کبھی صبر و تحمل اور قناعت کی نعمتوں کو سمجھنے کا موقع ملا ہے۔ میں ان خوش نصیبوں میں ہوں، جنہیں محبت کرنے والے عزیز واقارب، پر خلوص دوست اور بے مثال مشفق بزرگ اور استاد حاصل ہوئے ہیں جن سے صرف روحانی قوت ہی نہیں ملی بلکہ بہت کچھ سیکھنے کے مواقع حاصل ہوئے ہیں۔

شارب ردولوی نے اپنی ایک نظم کے دوسرے بند میں مجھ سے کہا تھا:

کون لاتا ہے تمہیں کھینچ کے ہر سال یہاں
اب نہ ساتھی رہے باقی نہ وہ یارانِ وطن
اور نہ وہ دلکش چہرے
دیکھنے کے لئے اک بار جنہیں

چق کے پیچھے کبھی جامن کے تلے
کتنی ہی بار گزرتے تھے بہانے کر کے
اب تو وہ پیڑ بھی باقی نہ بچا
کون لاتا ہے تمہیں کھینچ کے ہر سال یہاں
کون بچا ہے باقی

دراصل اللہ تعلی نے کسی انسان میں برائیاں بھر کر اس کی تخلیق نہیں کی ہے۔ لیکن اگر اس سے کوئی غلطی سرزد ہوتی ہے یا جرم سرزد ہوتا ہے تو یہ اس کے ماحول، سماجی حالات کا نتیجہ ہے، جو اسے خودغرض بھی بنا دیتا ہے اور تنگ نظر اور ظالم بھی۔ اور اس کے اپنے مسائل ہوتے ہیں۔ اگر آپ واقعی دیدہ ور ہیں تو رات کے پر ہول اندھیرے میں بھی راستے کو پہچاننے کی کوشش کریں گے۔ ان ستاروں کی تجلّی دیکھیئے جو بھٹکتے راہی کو منزل کا پتہ دیتے ہیں۔ کسی خوشنما گلاب کے حسن کے منظر میں محو ہوتے وقت خاروں کی ستم ظریفی کی شکایت نہ کیجئے۔ لیکن یہ سب اچھی اچھی باتیں کرتے ہوئے کیا میں خود ان اصولوں پر عمل کرتا ہوں۔ لفاظی کرنا آسان ہے عمل کرنا مشکل ہوتا ہے۔ انسان دنیاوی معاملات میں، سیاسی اور معاشی معاملات میں انقلابی ہو سکتا ہے، ترقی پسندی کا دعویٰ کر سکتا ہے، خود پر انسانیت کے لئے مجاہد ہونے کے بھرم کی نقاب چڑھا سکتا ہے۔ لیکن اپنی نجی زندگی، خاندانی زندگی اور ثقافتی زندگی میں انقلابی یا سچّا ترقی پسند ہونا بہت مشکل ہے۔

اللہ تعلی نے ہمیں بہت سی نعمتوں سے مالا مال کیا ہے۔ مثلاً کیا؟ کون؟ کب؟ کہاں اور کیوں؟ اس سے پہلے کہ ہم کسی فرد یا گروپ کے بارے میں رائے قائم

کریں ہمیں سوچنا چاہئے کہ وہ کون ہے؟ کہاں؟ کس ماحول میں اور کن حالات میں اس کی نشو نما ہوئی ہے اور وہ اس وقت ہے؟۔ اگر وہ کوئی بات کہہ رہا ہے یا کوئی کام کر رہا ہے تو کیوں؟ یہ کیوں برائی یا تعریف کرتا ہے؟ یا برائی اور اچھائی یں تمیز نہیں کر پا رہا ہے تو کیوں؟ اگر ہم اس طرح سوچیں گے اور صرف کڑھتے ہی نہیں رہیں گے، تو وہی انسان اپنی کمزوریوں اور خوبیوں کے ساتھ

ہمیں بے کار نہیں لگے گا۔ اور ہمیں روحانی تسکین حاصل ہو گی اور ہماری اس تسکین سے ہماری ذہنی اور جسمانی قوت کمزور ہونے سے بچ جائے گی۔ اسی لئے میں تو کہتا ہوں کہ اپنی بات سمجھانے سے پہلے دوسرے کی بات اور اس کے نقطۂ نظر کو سمجھنے کی ضرورت ہوتی ہے۔ یہ وہ تجربات ہیں اور سمجھ ہے جو میں نے اپنی ۸۷ برس کی عمر میں ترقی پسند ادیبوں کی تحریک اور زندگی کے نشیب و فراز اور اپنے بزرگوں سے حاصل کئے ہیں۔ یہی وجہ ہے کہ میرے کسی افسانے یا ڈرامے میں کوئی 'ویلن' نہیں ہوتا ہے جسے عام طور سے کہانی کے فن میں ضروری سمجھا جاتا ہے۔ میرا مخالف کبھی کوئی فرد واحد نہیں ہوتا بلکہ وہ حالات، نظریات اور طبقاتی مفاد ہوتے ہیں اور ذہنیتیں ہوتی ہیں جو انسانیت کے لئے مضر ہیں۔

عالمی سطح پر اردو کے مسائل

ایک دوسری بات جو میں نے دیکھی اور سمجھی ہے۔ وہ یہ ہے کہ اردو زبان و ادب کو سب سے زیادہ نقصان اس کے رفیقوں نے پہنچایا ہے اور پہنچا رہے ہیں۔ ان لوگوں نے جو اردو زبان و ادب کے گن گاتے ہیں۔ اس کے صوتی حسن، خوبیوں اور محبت کے پیغام پر ناز کرتے ہیں، میر، غالب، ذوق اور اقبال کے اشعار پر سر دھنتے

ہیں، چاہے ان کے اصلی مطلب سمجھ میں آئیں یا نہ آئیں۔ اردو کو کسی خوبصورت دُلھن کی طرح پیش کرتے ہیں یا دوسرے الفاظ میں نمائش میں بٹھا دیا ہے اور دعویٰ کر رہے ہیں کہ ہم اس کا سنگھار کر رہے ہیں۔ اس کے حسن کے جلووں سے جہان کو منور کر رہے ہیں۔ لیکن کیا ہم اسے عوام کے قریب لے جارہے ہیں؟ عوام کے مسائل اور ضروریات سے اردو کو جوڑ رہے ہیں؟ ہم صرف شین قاف کے چکر میں پڑے رہے، اور آج بھی پڑے ہیں۔ لیکن اردو زبان کو گاؤں والوں میں اور رکشے ٹانگے والوں میں مزدوروں اور قلیوں میں نہیں لے گئے۔ ہم تنگ نظری کا شکار ہیں اور دعویٰ کرتے ہیں اردو کے دلدادہ اور مجاہد ہیں۔ جبکہ اردو اور تنگ نظری ایک دوسرے کی ضِد ہیں۔ ابھی کچھ عرصہ قبل وہاٹس اَپ میں میری نظر ایک عبارت پر پڑی تھی۔ ایک صاحب نے بڑے ہی دلچسپ اور شاعرانہ انداز میں موجودہ اردو کا مضحکہ اڑاتے ہوئے یہ شکایت کی تھی کہ اردو الفاظ عرب سے ہندوستان آتے آتے بہت کچھ بدل گئے ہیں۔ ان کے خیال سے یہ موجودہ اردوو کی کمزوری ہے۔ حالانکہ وہ شاید بھول گئے تھے کہ زبان کا کسی ملک کی تہذیب اور ثقافت اور سماج سے گہرا تعلق ہوتا ہے۔ اگر ہم نے ایسی تنگ نظری نہ دکھائی ہوتی، تو اردو آج شمالی ہندوستان میں سب سے بڑی زبان ہوتی۔ اب بھی وقت ہے کہ ہم اسے عام عوام میں لے جائیں اور یہ تبھی ممکن ہوگا جب ہم ان کے مسائل کو اردو میں پیش کریں اور ساتھ ہی۔ کھیتی کس طرح ہوتی ہے۔ کارخانے میں مشینیں کس طرح کام کرتی ہیں، مختلف کھیل کس طرح کھیلے جاتے ہیں، دوائیں کیسی کیسی ہوتی ہیں، ان کا کیسے استعمال کرنا چاہئے وغیرہ وغیرہ۔ اس سب کے بارے میں بھی

کتابیں، کتابچے یا کم سے کم مضامین لکھے جائیں۔ بچوں اور عورتوں کی دلچسپی کی کہانیاں اور مضامین لکھے جائیں۔ ہمیں اس کی شکایت نہیں ہونا چاہئے کہ اردو اخبارات، رسالے اور کتابیں لوگ نہیں کریدتے ہیں۔ ہمیں یہ سوچنا چاہئے کہ لوگ انہیں کیوں نہیں کریدتے ہیں؟ ہم انہیں کیا دے رہے ہیں؟ ہمارے مضامین، کہانیاں اور نظمیں ان کے دلوں کو کیوں نہیں چھوتی ہیں؟ اب آپ یہ دیکھئے کہ اردو میں کتنے بڑے بڑے نقاد اور عالم موجود ہیں۔ جو اپنے علم کا رعب ڈالنے کے لئے سارے عالم کے بڑے بڑے عالموں اور فلسفیوں کے حوالے دے سکتے ہیں اور دیتے ہیں۔ لیکن کیا ان کی اپنی زبان کو سمجھنے کے لئے بعض اوقات کسی کو ڈکشنری کا سہارا نہیں لینا پڑتا ہے؟ وہ عام اور سادی زبان کیوں نہیں استعمال کرتے ہیں؟ جبکہ اردو کا خزانہ ان سے بھرا ہوا ہے۔ اب تو یہاں تک ہوتا ہے کہ اپنی بات سمجھانے کے لئے انگریزی الفاظ کا سہارا لینا پڑتا ہے۔ امید ہے کہ میری اس گستاخی پر ناراض ہونے سے پہلے ہمارے نقاد اور عالم، جن سے خود نے بھی بہت کچھ سیکھا ہے، ان باتوں پر بھی دھیان دیں گے۔ اردو اور ہندی کی ایک بدقسمتی یہ بھی ہے کہ ملک کی تقسیم کے بعد انھیں الگ الگ مذہبوں کو ماننے والوں کی اور دو مختلف ممالک کی زبانیں سمجھ لیا گیا۔ نتیجہ یہ کہ پاکستان میں عام فہم اردو الفاظ کی جگہ عربی فارسی کے الفاظ بھرے جانے لگے اور ہندوستان میں ہندی کے عام فہم الفاظ کو سوتیلا سمجھ کر سنسکرت کے الفاظ بھرنا شروع کر دیا گیا۔ ان میں بھی ان حروف کو جو لوگوں کی زبان سے مشکل سے ادا ہوتے ہیں جیسے کرشنا کی جگہ "کرشڑاں" حالانکہ خود کرشنا مینن انگریزی میں اپنا نام لکھتے وقت Krishna Menon لکھتے تھے۔ اس

تنگ نظر ذہنیت اور نام نہاد جدت پسندی کا نتیجہ یہ ہوا کہ ہندی اور اردو دونوں زبانوں کے عوام سے یہ نوالے ہضم نہیں ہوئے اور انہوں نے انگریزی کے الفاظ استعمال کرنا شروع کر دئے اور ہمار میڈیا اور دانشور واہ واہ کرتے رہے۔ ایسا ہی ہماری پوری تہذیب اور ثقافت پر اثر پڑا ہے۔ نتیجہ یہ ہے کہ آج سنگیت میں کلاسیکی راگوں کا زوال ہو رہا ہے اور رقص میں کتھک، بھرت ناٹیم وغیرہ کی جگہ اچھل کود کرنے والے رقص زیادہ مقبول ہیں۔ کیونکہ چاہے زبان ہو یا موسیقی اور رقص یا مصوری یہ سب تہذیب کے حصّے ہیں۔

ایک بات اور صرف لاکھوں روپے خرچ کر کے موٹی موٹی خوبصورت کتابیں لکھنا یا لکھوالینا ہی کافی نہیں ہے۔ یا انعامات تقسیم کر کے تیر مار لینا کافی نہیں ہے۔ حالانکہ ان کی بھی اہمیت ہے۔ لیکن کتنے لوگ موٹی موٹی خوبصورت نمائشی کتابیں پڑھتے ہیں؟ اس سے بھی بڑی ضرورت اس بات کی ہے کہ ہر موضوع پر کتابچے شائع کئے جائیں۔ ویڈیو بنوائے جائیں۔ اردو گانوں اور عام فہم غزلوں کو سنگیت کے ساتھ سب جگہ پہنچایا جائے تاکہ لوگوں کا مزاج بنے۔ کہانیوں پر مبنی چھوٹی چھوٹی دلچسپ فلمیں بنا کر انھیں مقبول بنایا جائے۔ اور ساتھ ہی اردو زبان و ادب سے متعلق چھوٹی چھوٹی نمائشیں بھی تیار کی جائیں۔ ہمیں یہ نہیں بھولنا چاہئے کہ غالب کو اب تک پڑھے لکھے لوگ ہی سمجھتے تھے لیکن گلزار نے غالب پر فلم کے سلسلے سے جگجیت سنگھ نے اپنی مدھر سنہری آواز سے سارے ملک میں شمال سے جنوب اور مغرب سے مشرق تک اسے مقبول بنا دیا ہے۔ لتا منگیشکر اور دیگر گلوکاروں نے اردو گیتوں اور غزلوں کو مقبول بنا دیا ہے۔ ہمیں یہ بھی یاد رکھنا چاہئے کہ زبان استادوں

اور پروفیسروں سے نہیں بنتی وہ ہمیں اس کی قوائد سمجھا سکتے اس کی نشو نما کے اسباب اور تاریخ بتا سکتے ہیں، تجزیہ کر سکتے ہیں لیکن زبان عوام سے بنتی ہے۔ ضروریات سے بنتی ہے۔ جیسے دلی اور اس کے اطراف کے عام لوگوں اور ترکوں و مغلوں کے بیچ ضروریات کے باعث ہی رابطے ہوئے تھے۔

ہمیں اپنی زبان میں اصلاح کے لئے کمیشن بنانا چاہئے جو سنجیدگی سے کام کرے۔ اس میں شک نہیں کہ ہمارا رسم الخط ہماری پہچان ہے اور اس میں دوسری زبانوں کے مقابلے میں بہت سی خوبیاں ہیں۔ ہمیں اس کی حفاظت کرنا چاہئے۔ لیکن کتنے ایسے پڑھے لکھے اردو داں ہیں جو خود ذ، ز، ض اور ظ کا استعمال کرتے وقت کبھی کبھی غلطی کر بیٹھتے ہیں، تو نئے سیکھنے والوں کا وقت ایسی بحثوں میں کیوں خراب کیا جائے۔ یہ مسئلہ خاص طور سے برصغیر کے باہر اردو کے فروغ میں مشکلات پیدا کرتا ہے۔ جرمنی میں میرے بہت سے طالبعلم پوچھتے ہیں، کہ جب آپ کا نام 'عارف' ہے تو آپ اسے 'الف' سے کیوں نہیں لکھتے؟ اور جب میں ان سے کہتا ہوں کہ یہ لفظ عربی کا ہے۔ عربی میں 'ع' سے لکھتے ہیں تو ان کا دوسرا سوال ہوتا ہے، کہ آپ کا نام تو اس طرح نہیں لیا جاتا جیسے عربی میں ہونا چاہئے۔ غرضیکہ اس قسم کی گتھیوں میں الجھا کر ہم ان کی دلچسپی کم کر دیتے ہیں۔ اس لئے سنجیدگی سے ہمارے ماہرینِ زبان کو اس سلسلے میں کچھ کرنا چاہئے۔

ساتھ ہی ہمیں انٹرنیٹ اور وھاٹس اَپ میں استعمال ہونے والی اردو کے لئے اصول بنانے چاہئے ہیں تاکہ لوگ صحیح اردو لکھیں اور خاص طور سے لاطینی رسم الخط میں اردو کو صحیح لکھیں۔ ہندوستان اور پاکستان کے بڑے اداروں اور یونیورسٹیوں کو

اس سلسلے میں سنجید گی سے کام کرنا چاہئے۔

اگر ہم بر صغیر کے باہر اردو کو فروغ دینا چاہتے ہیں اور خاصکر کالجوں اور یونیورسٹیوں میں طلباء کی تعداد بڑھانا چاہتے ہیں تو ہمیں ایسی نصاب کی کتابیں تیار کرنا ہوں گی جو غیر اردو داں حلقوں کے مزاج کے مطابق ہوں اور آسانی سے ان کی سمجھ میں آئیں اور ان میں اردو سے دلچسپی پیدا کریں۔

جہاں تک اردو ادب کو مقبول بنانے کا سوال ہے تو اس کے لئے تین قسم کے موضوعات مناسب ہیں۔

ایسا ادب جو ان کے مزاج کے قریب ہو اور ان کے دل کو چھوئے۔ مثلاً میں نے جرمنی آنے کے بعد کرشن چندر کے دو ڈرامے 'سرائے کے باہر' اور 'کتے کی موت' برلن ریڈیو کے لئے ترجمہ کئے، جو اتنے پسند کئے گئے کہ پروگرام بار بار دوہرائے گئے۔ اسی طرح سے کرشن چندر کی کہانی 'آخری بس' جو میں نے جرمن رسالے Sinn und Form کے لئے ترجمہ کی کافی پسند کی گئی۔ وجہ صرف یہ تھی کہ ان میں جو مسائل تھے وہ جرمنوں کے دل کو چھو رہے تھے۔ جرمن پروفیسر اَنے ماری شِمل تو اقبال کی بعض نظموں کی عاشق تھیں۔ اگر ہم محبت، امن، دوستی، استحصال کے خلاف اور انصاف کے لئے جدوجہد یا ماحولیات کو حائل خطرات کے بارے میں مضامین اور کہانیوں کا ترجمہ کریں گے تو وہ یورپ میں مقبول ہوں گے۔

میرا اردو میں لکھا ہوا ایک 'فُل لینتھ' ڈرامہ 'دور کے ڈھول' جب جرمن زبان میں اسٹیج پر پیش کیا گیا تو بہت کامیاب رہا، کیونکہ

اس میں اداکاری کے سبھی مواقع بھی تھے، مکالمے بھی جو جرمنوں کو دلچسپ

لگ رہے تھے اور ہندوستانی رقص و موسیقی بھی۔ یہاں تک کہ یہ ڈرامہ ایک اسٹیج پر ٹکٹ لگا کر کھیلا گیا جسے دیکھنے کے لئے تین سو سے زیادہ لوگ آئے۔ اور ڈرامہ ختم ہوتے ہی ہندوستانی سفارت خانے کے کونسل شری پوری نے جوش میں اسٹیج پر آکر مجھے گلے لگالیا اور بیس اداکاروں کو گلدستے پیش کئے۔

ہمیں یہ بھی نہیں بھولنا چاہئے کہ اب تک جرمن ادب سے اردو میں جو ترجمے ہوئے ہیں وہ زیادہ تر انگریزی کی مدد سے کئے گئے ہیں۔ جس سے اصلی ادب سامنے نہیں آسکا ہے۔ ایسا ہی اردو سے جرمن میں ترجمے کے معاملے میں ہے۔ میرا اپنا تجربہ تو یہ ہے کہ کوئی اردو داں کسی جرمن کے ساتھ مل کر ترجمہ کرے تو وہ یقیناً کامیاب ہوگا۔ میری دو کتابیں جرمن زبان میں شائع ہوئی ہیں۔ نظموں اور غزلوں کا جرمن زبان میں مجموعہ Dornen und Rosen جس کی برلن میں ۲۰۱۵ء میں رسم اجراء ہوئی اور دوسری کتاب میری کہانیوں کا مجموعہ Trommeln aus der Fernen جس کی رسم اجراء ۲۰۱۶ء میں برلن میں ہوئی۔ دونوں بار ہال لوگوں سے بھرا تھا جن میں تین چوتھائی سے زیادہ جرمن دانشور تھے۔ ان دونوں کے ترجمے میں نے خود کئے تھے لیکن چند جرمن دوستوں نے جیسے میری بیٹی نرگس اور ہماری اردو انجمن کے سکریٹری اووے فائلباخ نے ترجمے کی زبان کو اور خوبصورت بنادیا تھا۔ جس کی وجہ سے لوگوں نے پسند کیا۔

سوال یہ بھی ہے کہ اگر کوئی شخص کسی اردو ناول کا جرمن زبان میں ترجمہ کرتا ہے یا جرمن سے اردو میں ترجمہ کرتا ہے تو اسے کون شائع کرے گا؟ اب تک بہت سے ترجمے سفارت خانوں نے ادیبوں کو پیسے دے کر کروائے ہیں۔ لیکن اگر

کوئی خود ترجمہ کرتا ہے تو اس کا حشر کیا ہو گا؟ ہمارے اداروں کو اس کا حل نکالنا ہو گا۔

ہمارے بڑے بڑے قومی اداروں کو چاہئے کہ عالمی سطح پر اردو کے فروغ میں معاونت کے لئے شعبے قائم کریں۔ نیز جب کسی ملک میں اردو کی کانفرنسیں، سیمینار یا مشاعرے ہوں اور ان میں شرکت کے لئے اردو دانشوروں کو مدعو کیا جائے تو ان کی مدد کریں۔ کم سے کم ان کی آمد و رفت کا بندوبست کریں اور انھیں ویزا حاصل کرنے میں مدد دیں۔ جو دنیا کے دوسرے حصّوں میں اردو کے فروغ کے لئے ایک بہت بڑا تعاون ہو گا۔ مثلاً ہندوستان کا سرکاری ادارہ کونسل برائے فروغِ ثقافت، دوبار میری درخوست پر اردو انجمن برلن کے اجلاس میں شرکت کے لئے ہمارے مہمانوں کو ہوائی جہاز کا ٹکٹ فراہم کر چکا ہے اور ویزا حاصل کرنے میں مددگار ثابت ہوا ہے۔ جس کے لئے ہم اس کے مشکور ہیں۔

مہجری ادب کے فروغ میں ہمارے بڑے اداروں کو عملی قدم اٹھانا چاہئے۔ ایسے ادیبوں کی تخلیقات کی اشاعت میں بھی مدد دینا چاہئے۔ یہ طریقہ بھی ختم ہونا چاہئے کہ لوگ اپنی اشاعت کے لئے بھیک مانگیں۔ خود ہندوستان میں بھی بہت سے خوددار ادیب شاید ایسا نہ کرتے ہوں اور روپوشی میں پڑے ہوں۔ بڑے اداروں کا ایک فرض یہ بھی ہونا چاہئے کہ گدڑی کے لعل اور کیچڑ کے کنول تلاش کریں۔ اور اگر یہ ادارے ایسا نہ کر سکیں تو اردو زبان کی خدمت کے دعویداروں کو ایسا کرنا چاہئے۔ مجھے اپنی نوجوانی کا زمانہ یاد آرہا ہے جب لکھنؤ میں نظیر آباد کے سنگم ریستوراں میں اور نخاس کے کاظم ریستوراں میں بہترین شعراء کو

دیکھا کرتا تھا، لیکن زمانہ ان کو بھول گیا ہے، کیونکہ وہ اپنی خودداری کی وجہ سے کسی کے پاس اپنی تشہیر کے لئے نہیں جاتے تھے، بلک اپنی تشہیر خود کرنا ہی نہیں جانتے تھے۔ آج بھی برصغیر میں اور دنیا کے دوسرے حصّوں میں ایسے بہت سے ہنر مند موجود ہیں، جو اپنی تشہیر نہیں جانتے ہیں۔ نا ہی میری طرح ہندوستان، پاکستان اور دوسرے ممالک میں جاکر ادیبوں سے مل سکتے ہیں۔ نا ہی ان کے لئے رسمِ اجراء کی تقریبات منعقد ہوتی ہیں۔

ایک بڑا مسئلہ جو میں نے محسوس کیا ہے وہ یہ ہے کہ یورپ میں لوگوں کو یہ نہیں معلوم ہے کہ وہ اردو پڑھ کر بعد میں کیا کریں گے؟ آخر وہ اردو کیوں پڑھیں؟ صرف اس لئے کہ اردو ایک خوبصورت زبان ہے؟ آج کے زمانے میں اتنا کافی نہیں ہے؟ ہمیں سنجیدگی سے اس مسئلہ پر غور کرنا اور کوئی راستہ نکالنا چاہئے۔ میں اردو کے مستقبل سے مایوس نہیں ہوں۔ لیکن حقائق سے آنکھیں بھی نہیں بند کر سکتا۔ ہم اگر دکھاوٹی نہیں بلکہ سنجیدگی سے اپنی زبان و ادب کے فروغ میں دلچسپی لیتے ہیں، تو اس کے حسن پر واہ واہ نہ کریں، قُربان نہ جائیں اور بلائیں نہ لیں، بلکہ سنجیدگی سے اس کے مسائل کو حل کرنے کی کوشش کریں۔

آخر میں میں اپنے پروفیسروں، عالموں اور اسکالروں سے یہ عرض کروں گا کہ اگر آپ اردو ادب کو دنیا میں مقبول بنانا چاہتے ہیں تو اپنے خول سے باہر نکل کر اپنے سوچنے کے دائرہ کو وسیع کیجئے۔ عالمی نقطۂ نظر سے سوچئے، تو آپ دیکھیں گے کہ آپ کو ہاتھوں ہاتھ لیا جائے گا۔ ساتھ ہی میں ان سے یہ بھی عرض کرنا چاہوں گا، کہ نئے ادیبوں اور دانشوروں کی زیادہ سے زیادہ ہمت افزائی کیجئے، انھیں ابھرنے

دیجئے۔ ان کے لئے زیادہ سے زیادہ راستے بنایئے۔ لیکن جھوٹی ہمت افزائی اور غلط تعریف نہ کیجئے، ورنہ آپ ان کی ترقی کی رفتار کو روک دیں گے اور ان میں سہل پسندی پیدا ہو جائے گی، جو ابھرتے ہوئے ادیبوں کے ذہن اور ہنر کے لئے قاتل ہو گی اور اردو زبان و ادب کے لئے بھی نقصان دہ ہو گی۔

مجھے یقین ہے کہ اردو کا مستقبل شاندار ہے:

ٹوٹے ہوئے قلم سے ٹپکتا ہے خونِ دل
تحریر بولتی ہے زبان گر خموش ہے

****

کیا اردو اسکول صرف غریب مسلمانوں کے لیے ہیں؟

مرزا عادل بیگ

ہر زبان اپنی ایک مخصوص خصوصیت رکھتی ہے، جس میں چھپی ہوئی ایک مخصوص تہذیب ہوتی ہے۔ یہ تہذیب ہر سماج کے سنہرے دور کی یاد دلاتی ہے۔ ہر زبان بولنے کا سمجھنے کا اور تاثرات کو خصوصی انداز میں پیش کرنے کا سلیقہ سکھاتی ہے۔ ہندوستان میں مسلمانوں کی آمد تقریباً ایک ہزار سال پرانی ہے۔ مسلمانوں کی آمد سے ملک کو بہت کچھ میسر ہوا ہیں۔ یہاں کے قبائلی انسانوں کو زندگی جینے کا سلیقہ، تہذیب و تمدن، عزتِ نفس، منصفانہ روئیہ، یکساں حقوق، تجارتی قوانین، پاکیزہ سیاست، اسلامی حکمرانی، عوام الناس کی خصوصی حفاظت یہ سب مسلمانوں کی دین ہے۔ مسلمانوں نے ملک پر حکومت کے ساتھ ساتھ سنوارنے کا کام کیا ہے، یہاں کی دقیانوسی زندگی سے راہِ نجات کی طرف لے جانے کا کام کیا ہے۔ مسلمان اپنے ساتھ مختلف زبانوں کا مجموعہ لے کر آئے۔ عربی، فارسی، دکنی اردو، سندھی، افغانی یہ سب زبانوں کا تعارف مسلمانوں نے اس ملک میں کیا ہے۔ ہر زبان اپنے

اندر مخصوص تہذیب، تاریخ، سلیقہ اور منفرد شناخت رکھتی ہے۔ عربی زبان کا تعلق عربوں سے ہیں، وہی فارس سے فارسی کی تاریخ ملتی ہے۔ عربی اور فارسی کے مجموعے کو ملا کر اردو زبان کو عبوریت حاصل ہوئی ہیں۔ ماضی کا ایک دور وہ بھی تھا جب اردو حکومت کی زبان ہوا کرتی تھی۔ اردو کو سرکاری زبان کا درجہ حاصل تھا۔ اردو حکمرانوں کی بولی بولتی تھی، اردو عوام الناس میں مقبول تھی۔ ملک میں مسلمانوں کے سنہرے دور نے مسلمانوں کے ساتھ ساتھ اردو زبان کو بھی فروغ دیا ہے۔ ملک کی آزادی میں جتنا اہم کردار مسلمانوں کا تھا اتنا ہی اہم کردار اردو زبان کا بھی ہے۔ جنگ آزادی میں اردو اخبارات، اردو مصنفین اور اردو شاعر حضرات نے عوام الناس کے جزبے کو ابھارنے کا کام کیا ہیں۔ آزادی کے بعد منظم سازشوں کے تہت مسلمانوں کو پسماندگی کے گڑھے میں دھکیلا گیا ہے، وہیں اردو زبان کو تعصب پسند تنظیموں نے نشانہ بنایا۔

اردو زبان کو لبرزم، سیکولرزم، کمیونیزم، کے لیے خطرہ بتا کر عوام سے بالواسطہ تعلق ختم کیا گیا، آج اردو زبان صرف ایک مخصوص گروہ کے لئے، مخصوص طبقہ کے لئے، بول چال کے لیے، استعمال ہوتی ہے۔ اردو زبان کو فروغ دینے کے لیے حکومت (مرکزی اور ریاستی) مختلف تعلیمی پالیسی بناتی ہے۔ یہ مخصوص تعلیمی پالیسی اردو زبان سے لے کر اردو میڈیم اور اردو اقلیتی اداروں، اردو اسکولوں کو سہولت فراہم کرتی ہے، یہ مخصوص تعلیمی سہولیات، اقلیتی طلبہ و طالبات کے ترقی کرنے کے مقاصد کو پورا کرتی ہے۔ ملک میں اردو اسکولوں کا عمبار لگا ہوا ہے۔ حکومت کی تعلیمی پالیسی ہر جگہ عوام الناس کو مدِ نظر رکھ کر مختلف میڈیم کو بڑھاوا دینے کا کام

کرتی ہے۔ جس کا نتیجہ یہ ہے کہ ہر جگہ حکومتی (ریاستی اور مرکزی) اسکولیں نظر آرہی ہے۔ حکومت کی طرف سے ضلع پریشد، نگر پریشد، مہانگر پریشد کے ماتحت پرائمری اسکولیں، ہائی اسکولیں، اور جونیر کالیجیس چلتے ہے۔ وہی دوسری طرف حکومت سے منظور شدہ پرائیویٹ اسکولیں بھی چلتی ہے، یہ ادارین، یہ پرائیوٹ اسکولیں تجارت کی غرض سے چلتی ہے۔ یہ پراویٹ ادارے، اسکولیں، کسی ایک فرد کے ماتحت کام کرتے ہے، بہت سے اداروں کے مالک اب سیاسی لیڈران ہے۔

مسلم معاشرے کا جائزہ:

ہمارے مسلم معاشرے کا جائزہ لیا جائے تو اردو اسکولوں، اقلیتی اداروں کے حالات انتہائی نازک ہوتے جارہے ہے۔ مسلمانوں کا امیر طبقہ اپنے بچوں کو تعلیم دینے کے غرض سے نئے انگلیش میڈیم اداروں کا رخ کر رہا ہے۔ وہی اردو اسکولوں میں غریب مستحق بچوں کی بھیڑ لگی ہوئی ہے۔ مسلم معزیز سوسائٹی اپنا اسٹیٹس بر قرار رکھنے کے لئے اپنے بچوں کو کسی کانوینٹ، کسی عسائی مشنری اسکول، کسی انٹر نیشنل اسکول میں داخلہ کرواکر خواب غفلت میں ڈوبی ہوئی ہے یہ عیسائی مشنری اسکولیں، کانوینٹ، انٹر نیشنل اسکولیں ہمارے نازک، معصوم پھول جیسے بچوں کو اسلام سے دور لے کر جارہے ہیں۔ یہ مغربی تعلیم جو یورپ کو تباہ و برباد کر کے اب اسلامی ممالک کو ختم کرنے پر تلی ہوئی ہے۔ وہی اسلامی معاشرہ، مدارس اور اردو اقلیتی اداروں تک محدود ہو چکا ہے۔ کسی زبان سے تعصب پذیری اچھی علامت نہیں ہے۔ ہر زبان اپنے ساتھ ایک تہذیب و تمدن رکھتی ہے۔ پھر وہ تہذیب پروان چڑھتی ہے۔ ہمارے اردو ادارے، اسکول کے طالب علم جس خوش اسلوبی

سے کسی سے ملاقات کرتے ہے، اس طرح کوئی دوسرے میڈیم والے گفتگو نہیں کر سکتے، اگر کرتے بھی ہونگے تو ان کا لب و لہجہ اس قدر متاثر نہیں کرتا۔ آج سر پرست حضرات جدید تعلیم کے نام پر، ماڈرنیٹی کے نام، ای -لرنیگ کے نام پر، برائٹ فیوچر کے نام پر دھوکہ کھارہے ہیں۔ اردو اسکولیں شخصیت کی ارتقاء، انسان کا بنیادی مقصد پر کام کرتی ہے، وہی انگلش میڈیم کے ادارے انجوئمنٹ، خود پرستی اور مادہ پرستی کی طرف لے جاتے ہے۔ اب تو اردو اداروں میں کام کرنے والے حضرات، اساتذہ اکرام کی اولادیں بھی انگلش میڈیم کی طرف دوڑ رہی ہے۔ کثرت سے اردو اساتذہ اکرام اپنے بچوں کو انگلش اداروں میں تعلیم دے رہے ہیں۔ یہ اردو اسکولوں میں کام کرنے والے صاحبِ حیثیت حضرات اپنے پیشے سے غداری کر رہے ہیں، کھاتے اردو کی ہے اور گاتے انگریزی کی ہے۔ اپنے بچوں کو انگریزی میڈیم میں ڈال کر فخریہ انداز میں بولتے ہے اردو اسکولوں کی تعلیم اچھی نہیں ہے۔ وہ یہ نہیں سوچتے وہ خود اردو اسکول کا حصہ ہے، آج اس کرونا وبائی مرض کی وجہ سے تعلیم پوری طرح سے رکی ہوئی ہے۔ امید کی جاتی ہے کہ جلد از جلد اسکولیں کھولی جائے گی، پھر ایک بار تمام اسکولیں بچوں کے شور و غل، تعلیم و تربیت سے چہچاہتی نظر آئے گی۔ انگلش اسکولیں آن لائن تعلیم دے رہی ہیں وہی اردو اسکولیں پوری طرح بند ہیں اردو اسکولیں صرف اور صرف داخلے لینے میں مشغول ہے۔

جب بھی انگلش میڈیم اور اردو میڈیم کے بچہ کا موازنہ کیا جائے تو ہمیں اکثر فحاشی و بدحوسی میں انگلش میڈیم والا طالب علم ملوث نظر آئے گا۔ اردو میڈیم کا

طالب علم رات کو ۹ بجے مسجد میں نمازِ عشاء کو جاتا ہے وہی انگلش میڈیم کا طالب علم کسی دوست کے برتھڈے پارٹی میں جاتے نظر آتا ہے۔ اردو میڈیم کا طالب علم سادگی پسند وہ وسیع النظر ہوتا ہے، وہی انگریزی میڈیم کا طالب علم جدید فیشن میں چور تنگ نظر آتا ہے۔ وہی گرل فرینڈ اور بائے فرینڈ کلچر اسے اسلام سے دور لے کر جاتا ہے۔ مسلم معاشرے میں بڑے بڑے ٹھیکیدار، ڈاکٹرس، انجینئر حضرات، سرکاری اور نیم سرکاری محکمات میں کام کرنے والے صاحبِ حیثیت حضرات، ٹیچر حضرات اپنے دولت و شہرت کے نشے میں چور ہوکر تکبر کے ساتھ انگلش میڈیم اداروں میں اپنے نہونہالوں کو تعلیم دلارہے ہے۔ وہی غریب، مزدور پیشہ افراد، روز مزوری کرنے والے حضرات میڈل کلاس والے افراد، نوکر پیشہ افراد، اپنے بچوں کو اردو تعلیم کی طرف لے جارہے ہے۔ یہ کمزور اور غریب طبقہ افراد کے بچوں کو دیکھ کر دل میں سوال میں پیدا ہوتا ہے کہ کیا اردو اسکولیں صرف غریب مسلمانوں کے لیے ہیں۔۔۔؟

***

اردو کا جنازہ ہے ذرا دھوم سے نکلے

معصوم مرادآبادی

بات ۲۰۱۵ کی ہے۔ عام آدمی پارٹی نے اپنی پہلی حکومت تشکیل دینے کے بعد دہلی اردو اکادمی کی نئی گورننگ کونسل بنائی تھی۔ کچھ دن بعد گورننگ کونسل کے ایک نئے ممبر اردو اکادمی کے دفتر میں تشریف لائے۔انھوں نے دریافت کیا کہ" یہاں کیاکام ہوتا ہے؟"جب انھیں بتایا گیا کہ یہ اردو اکادمی ہے اور یہاں اردوزبان وادب کی ترویج واشاعت کاکام ہوتا ہے تو انھوں نے دانتوں تلے انگلی دباکر کہاکہ "بھائی ہماراتومنگول پوری میں اسکریپ کاکاروبار ہے۔ کوئی کام ہوتو ہمیں بتانا۔"

یہ واقعہ مجھے اکادمی کے ایک ملازم نے اپنا سر کھجاتے ہوئے سنایا تھا۔ گورننگ کونسل کی تشکیل اردو اکادمی کے چیئرمین اور نائب وزیراعلیٰ منیش سسودیا نے کی تھی۔ انھوں نے اس کمیٹی میں تجربے کے طور پر ایسے لوگوں کو شامل کیا تھا جو اکادمی کو 'نیارخ' دے سکیں۔تب سے اب تک جمنا میں کافی آلودہ پانی بہہ چکا ہے۔امید تھی کہ دہلی میں عام آدمی پارٹی کی سرکار چلانے والوں نے کچھ تجربہ ضرور حاصل کیا ہوگا، لیکن دہلی اردو اکادمی کی تازہ گورننگ کونسل کے ممبران کی

فہرست دیکھ کر اندازہ ہوتا ہے کہ عام آدمی پارٹی کے لوگوں کے پاس نہ صرف لائق اور پڑھے لکھے لوگوں کی کمی ہے بلکہ وہ یہ بھی نہیں جانتے کہ کس کام کے لیے کون سا آدمی موزوں ہے۔ بتایا جاتا ہے کہ اردو اکادمی کے نئے وائس چیئرمین نہ صرف یہ کہ اردو نہیں جانتے بلکہ ان کی تعلیمی لیاقت بھی واجبی سی ہے۔ اس کے علاوہ جن دیگر لوگوں کو گورننگ کونسل کے ممبر کے طور پر اس میں شامل کیا گیا ہے، ان میں سے دو چار کو چھوڑ کر بیشتر لوگ وہ ہیں جنھیں اردو حلقوں میں کوئی نہیں جانتا۔ یہی وجہ ہے کہ نئی گورننگ کونسل کی تشکیل پر اردو حلقوں میں شدید رد عمل سامنے آرہا ہے۔

قابل ذکر بات یہ ہے کہ اب تک اس اکادمی کی گورننگ کونسل میں ایسے لوگوں کو نامزد کیا جاتا رہا ہے، جنھوں نے اردو زبان وادب کے میدان میں کچھ نمایاں خدمات انجام دی ہیں۔ لیکن نئی گورننگ کونسل کی ۲۲ رکنی فہرست دیکھ کر اندازہ ہوتا ہے کہ اس میں راہ چلتے لوگوں سے ان کا نام پتہ پوچھ کر بہت عجلت میں نئی گورننگ کونسل تشکیل دے دی گئی ہے۔ بہت تلاش کرنے کے بعد بھی اس فہرست میں ہمیں ایسا کوئی نام نظر نہیں آیا جو قابل ذکر ہو یا جس نے اردو زبان وادب کی کوئی خدمت انجام دی ہو۔ سب سے زیادہ افسوس اس بات پر ہے کہ اس فہرست میں کئی لوگ ایسے شامل ہیں جو اردو کا ایک لفظ بھی نہیں جانتے۔ اکادمی کا وائس چیئرمین ایک سابق میونسپل کونسلر کو بنایا گیا ہے۔ ان کی سب سے بڑی لیاقت یہ ہے کہ وہ کانگریس چھوڑ کر عام آدمی پارٹی میں شامل ہوئے ہیں۔ اردو زبان وادب سے ان کا دور دور تک بھی کوئی واسطہ نہیں ہے۔ جبکہ اب تک اس اکادمی کا وائس

چیئرمین اردو کی کسی جانی مانی شخصیت کو بنایا جاتا رہا ہے۔ یہ وہی اکادمی ہے جس کے وائس چیئرمین کے عہدے پر کنور مہندر سنگھ بیدی سحر، غلام ربانی تاباں، پروفیسر قمر رئیس، پروفیسر گوپی چند نارنگ، پروفیسر اختر الواسع، م۔ افضل اور پروفیسر شہپر رسول جیسے لوگ رہ چکے ہیں۔ یہ وہ لوگ ہیں جنھوں نے اپنی زندگیاں اردو زبان وادب کی ترویج واشاعت میں صرف کی ہیں اور اردو دنیا میں اپنی شناخت رکھتے ہیں۔

اس میں کوئی شبہ نہیں کہ عام آدمی پارٹی کے ذمہ دار سیاست کے نئے کھلاڑی ہیں اور بہت سے امور میں ان کی معلومات صفر کے برابر ہیں۔ یہی وجہ ہے کہ ۲۰۱۵ میں جب اردو اکادمی کی نئی گورننگ کونسل تشکیل دی گئی تو اس میں بھانت بھانت کے لوگوں کو بھرتی کیا گیا تھا۔ اس وقت بھی اس پر ایسی ہی سخت تنقید ہوئی تھی جیسی کہ اس مرتبہ ہو رہی ہے۔ امید تھی کہ حکومت آئندہ اس بات کا خیال رکھے گی کہ ایک ایسے ادارے میں جو اردو زبان کی ترویج واشاعت کے لیے تشکیل دیا گیا ہے، وہاں ایسے لوگوں کو ہی نامزد کیا جائے جن کا تعلق اردو ادب اور ثقافت سے ہو۔ اکادمی کی نئی گورننگ کونسل کے بارے میں باخبر ذرائع کا کہنا ہے کہ اس کی تشکیل دہلی میں آنے والے کارپوریشن چناؤ کو نظر میں رکھ کر کی گئی ہے اور اس میں ایسے لوگوں کو بھرتی کیا گیا ہے جو کارپوریشن کے الیکشن میں پارٹی کی مدد کریں گے۔ اب سوال یہ پیدا ہوتا ہے کہ جب عام آدمی پارٹی کی سرکار کا یہ موقف ہے کہ وہ ہر ذمہ دار عہدے پر 'عام آدمی' کو ہی براجمان کرنا چاہتی ہے تو پھر ان ادبی، ثقافتی اور تہذیبی اداروں کی کیا معنویت باقی رہ جائے گی جو زبان وادب کے فروغ کے لیے

بنائے گئے ہیں اور جہاں پڑھے لکھے اور لائق لوگوں کی ہی ضرورت ہے۔ جس اکادمی کی گورننگ کونسل میں حکیم عبدالحمید، کنور مہندر سنگھ بیدی سحر، پروفیسر صدیق الرحمن قدوائی، ڈاکٹر خلیق انجم، خواجہ حسن ثانی نظامی، پروفیسر محمد حسن، ڈاکٹر تنویراحمد علوی، پروفیسر خواجہ احمد فاروقی، بیگم صالحہ عابد حسین، رفعت سروش، پروفیسر شمیم حنفی، ڈاکٹر اسلم پرویز، جوگندر پال، سید ضمیر حسن دہلوی اور پروفیسر عنوان چشتی جیسے علم وادب کے آفتاب وماہتاب ممبر رہ چکے ہیں، اس میں اب منّے خاں، رخسانہ خان، سلیم چودھری، عین الحق، شبانہ بانو، رخشی خان اور نفیس منصوری وغیرہ وغیرہ کو شامل کیا گیا ہے۔

دہلی اردو اکادمی ہندوستان کی تمام اردو کادمیوں میں سب سے نیک نام اکادمی رہی ہے۔ اس کا قیام مارچ ۱۹۸۱ میں آنجہانی وزیر اعظم اندرا گاندھی کے ایماء پر عمل میں آیا تھا۔ اس سے قبل دہلی میں اردو کے فروغ کا کوئی سرکاری ادارہ موجود نہیں تھا۔ ۱۹۷۶ میں اردو دوستوں کی کوششوں سے دہلی انتظامیہ اور دہلی کے محکمہ لسانیات کے تحت ایک اردو صلاح کار کمیٹی ضرور تشکیل دی گئی تھی۔ وشو بندھو گپتا اس کمیٹی کے پہلے صدر بنے۔ اس کے بعد یہ ذمہ داری خورشید عالم خاں کے سپرد کی گئی۔ لیکن اس کمیٹی کو کوئی اختیار حاصل نہیں تھا، اس لیے محبان اردو اس سے مطمئن نہیں تھے۔ دہلی میٹرو پولیٹن کونسل اور اردو اخبارات میں بہار اور یوپی کی طرز پر دہلی میں بھی ایک اردو اکادمی قائم کرنے کے مطالبہ نے زور پکڑ لیا۔ ۲۱ مئی ۱۹۸۱ سوسائٹی رجسٹریشن ایکٹ ۱۸۶۰ کے تحت دہلی اردو اکادمی قیام عمل میں آیا۔ ابتداء میں اکادمی کا سالانہ بجٹ پچاس ہزار روپے تھا۔ اس کے بنیادی

مقاصد میں دہلی شہر کی ادبی تاریخ کے احوال اور اس کی ثقافتی اور سماجی زندگی کے مختلف پہلوؤں سے متعلق دستیاب تاریخی اور دستاویزی مواد کو مرتب کر کے کتابی صورت میں محفوظ کرنے کی سرگرمی خاص طور پر شامل کی گئی۔ اسی کا نتیجہ ہے کہ پچھلے تقریباً چالیس برس میں اکادمی نے بنیادی نوعیت کے کام کئے ہیں۔ اکادمی کو یہاں تک پہنچانے میں اس کے محنتی عملہ کا بڑا دخل ہے۔ یہ ملک کی واحد اکادمی ہے جو اردو تعلیم کے فروغ سے وابستہ ہے۔ اردو خواندگی مراکز کے ذریعہ اس اکادمی نے ہزاروں افراد کو اردو پڑھانے کا کام کیا ہے۔ تعلیمی مقابلوں کے ذریعے دہلی کے اردو میڈیم اسکولوں کے طلباء کی استعداد کا فروغ بھی ایک اہم کام ہے۔ اس کے علاوہ کتابوں کی اشاعت پر مالی امداد، انعامات اور سالانہ ایوارڈوں کی تقسیم اور اہم سیمیناروں اور مشاعروں کا انعقاد بھی شامل ہے، جس میں یوم جمہوریہ پر ہر برس لال قلعہ میں منعقد ہونے والا مشاعرہ ملک گیر پہچان رکھتا ہے۔ اس کے علاوہ اکادمی دو مقبول عام ادبی جریدے بھی شائع کرتی ہے۔ جس کا نگراں گورننگ کونسل کا وائس چیئرمین ہوتا ہے۔

ایسے میں سب سے بڑا سوال یہ ہے کہ ان تمام امور سے قطعی نابلد نئے وائس چیئرمین اور ان کے ممبران اکادمی کو کہاں لے جائیں گے؟۔ اندیشہ اس بات کا ہے کہ اکادمی کا وہ معیار جو دہلی کی ادبی برادری نے اپنی کوششوں سے بلند کیا ہے، اچانک زمین پر آجائے گا اور یہاں ایسے ایسے کام ہوں گے کہ اردو والوں کے پاس اپنا سر پیٹنے کے علاوہ کوئی کام نہیں بچے گا۔ اس صورتحال پر رئیس امروہوی کی مشہور نظم کا یہ بند یاد آتا ہے۔

اردو کے جنازے کی یہ سج دھج ہے نرالی
صف بستہ ہوں مرحومہ کے سب وارث و والی
آزاد و نذیر و شرر و شبلی و حالی
فریاد یہ سب کے دل مغموم سے نکلے
اردو کا جنازہ ہے ذرا دھوم سے نکلے

***

غیر مسلم فنکاروں کا منظوم تذکرہ:

نازبرداران اردو

حقانی القاسمی

پروفیسر عبد المنان طرزی کی کتاب "نازبردارانِ اردو" غیر مسلم شعرا و ادبا کا منظوم تذکرہ ہی نہیں ہے بلکہ اس کمیونل ڈسکورس کی تردید، تنسیخ اور تغلیط ہے جس کے تحت اردو زبان کو ایک خاص مذہب سے مشخص کر دیا گیا اور مسلمانوں سے منسوب کرکے اس زبان پر فرقہ وارانہ سیاست بھی شروع کر دی گئی۔ اسے Alien زبان بھی قرار دیا گیا۔ اس میں عربی فارسی الفاظ اور تراکیب کی کثرت کا بھی الزام لگایا گیا۔ ناگری پرچارنی سبھا میں کہا گیا کہ:

"اردو زبان میں فارسی، عربی لفظ ضرورت سے زیادہ ہیں۔ بھارت ورش میں اس چیز کی اب گنجائش نہیں۔"

اردو کو غیر ملکی زبان ثابت کرنے کی ہر ممکن کوشش کی گئی۔ الہ آباد یونیورسٹی کے صدر شعبۂ ہندی دھریندر ورما نے کہا تھا کہ: "اردو ہندوستان کی زبان نہیں۔" اور یہ بھی کہا گیا کہ اردو صرف یوپی پنجاب میں بولی جاتی ہے دوسرے صوبوں میں

اس کا نام و نشان نہیں۔ ان تمام ہفوات کا مسکت جواب پنڈت برج موہن دتاتریہ کیفی نے اپنی کتاب "ناگزیر قیل و قال" میں دیا۔ اردو کو غیر ملکی قرار دینے پر راشد بنارسی نے شدید رد عمل کا اظہار کرتے ہوئے کہا:

بہت سمجھے تھے ہم اس دور کی فرقہ پرستی کو
زباں بھی آج شیخ و برہمن ہے ہم نہیں سمجھے
اگر اردو پہ بھی الزام ہے باہر سے آنے کا
تو پھر ہندوستاں کس کا وطن ہے ہم نہیں سمجھے

اسی طرح کا جذباتی رد عمل جسٹس آنند نرائن ملا کے اس شعر کی صورت میں سامنے آیا:

لب مادر نے مُلّاؔ لوریاں جس میں سنائی تھیں
وہ دن آیا ہے اب اُس کو بھی غیروں کی زباں سمجھیں

حیرت کی بات یہ ہے کہ ایسی زبان جس کی پیدائش، پرورش، پرداخت ہندوستان میں تمام طبقات نے مل کر کی وہ کیسے غیر ملکی قرار دی جاسکتی ہے۔ پروفیسر مرلی منوہر جوشی نے بڑی اچھی بات کہی ہے کہ:

"اردو مسلمانوں کی نہیں ہندوستان کی زبان ہے۔ اردو زبان تمام مذاہب کے ماننے والوں اور سبھی فرقوں کی زبان ہے۔ کوئی بھی زبان کسی خاص مذہبی فرقے کی نہیں ہو سکتی۔ اردو زبان ہندوستانی تہذیب اور اس کی تاریخ کا ایک اہم حصہ ہے۔"

یہ زبان جو کبھی ہندی، ہندوی اور ہندوستانی کہلاتی تھی اب اردو کے نام سے مشہور ہے۔ شاہجہانی عہد میں یہ اردوئے معلیٰ بھی کہلائی۔ ڈاکٹر جان گلگرسٹ اور

گارساں دتاسی نے اس کے لیے ہندوستانی کا لفظ استعمال کیا اور مولانا سید سلیمان ندوی بھی اس زبان کو ہندوستانی کہنے پر مصر تھے۔ پرانی کتابوں میں بھی اسے ہندی یا ہندوستانی کہا گیا ہے۔ میر تقی میر کا شعر ہے:

نہ جانے لوگ کہتے ہیں کس کو سرور قلب
آیا نہیں ہے یہ لفظ تو ہندی زباں کے بیچ

اور مصحفی نے کہا:

مصحفی فارسی کو طاق پہ رکھ
اب ہے اشعار ہندوی کا رواج

اردو کا نام بہت بعد میں دیا گیا۔ اب یہی اردو ایک زمانے میں رابطے کی زبان Link Language تھی۔ برطانوی دور میں یہ انتظامی اور عدالتی زبان بھی تھی اور اسے بہت سی مراعات بھی حاصل تھیں۔ مگر اقتداری سیاست کے بجائے اس زبان کی جبلت میں تکثیریت اور تنوع ہے۔ اس زبان نے ہمیشہ سیکولر اور جمہوری اقدار کو حرز جاں بنائے رکھا اور مذہبی تشخصات کی تمام علامتوں سے اس کے جوہری عنصر کو محفوظ رکھا۔

یہ دراصل Pluricentric زبان ہے اور اس زبان کی ابتدا اور ارتقا میں کسی ایک طبقے یا قوم کا کردار نہیں ہے۔ یہ ہندوستانی زبان جس طرح مسلمانوں کی ہے اسی طرح ہندوؤں، سکھوں، عیسائیوں کی بھی ہے۔ اس کی ہر دلعزیزی اور مقبولیت میں ہندوستان کے سبھی اقوام کا حصہ ہے۔

پنڈت دتاتریہ کیفی کی 'خمسۂ کیفی' میں ہماری زبان کے عنوان سے ایک بہت

پیاری سی نظم ہے:

اردو ہے جس کا نام ہماری زبان ہے
دنیا کی ہر زبان سے پیاری زبان ہے
ایسی زباں میں وجہ شرف کی یہی ہے بات
اردو کو ہر زبان سے ہے ربط و التفات
فرقوں کے ربط و ضبط کا ہے اس سے انتظام
قومی یگانگی کا ہے قائم اسی سے کام
اردو بنی ہے مسلم و ہندو کے میل سے
دونوں نے صرف اس پہ دماغ اور دل کئے
بہناپا اس کا دوسری بھاشاؤں سے رہا
اس نے کسی کو غیر نہ سمجھا کبھی ذرا
اردو ہی دوستو وطنیت کی جان ہے
یہ یاد رکھو اس سے اخوت کی شان ہے

اردو کی ابتدائی تاریخ پر نظر دوڑائی جائے تو تاریخی حقائق یہ بتائیں گے کہ یہ مسلمانوں کی زبان قطعی نہیں ہے۔ ہند آریائی خاندان کی اس زبان کے آغاز و ارتقا کا سہرا صحیح معنوں میں ہندوؤں کے سر ہے جیسا کہ ڈاکٹر تاراچند نے لکھا ہے:

"مسلمانوں کی آمد کے وقت ہندوؤں کی زبان کیا تھی، اس اردو کی ابتدائی شکل جس کا نام ہندی، ہندوی تھا۔ اس طرح یہ کہنا غلط نہ ہو گا کہ اردو کے آغاز و ارتقا کا سہرا صحیح معنوں میں ہندوؤں کے سر ہے۔ وہی اس کی پیدائش کے حقیقی ذمہ دار

ہیں"۔

تاراچند کے اس خیال کی تائید و توثیق اردو زبان و ادب پر لکھی ہوئی تاریخوں اور تذکروں سے بھی ہوتی ہے۔ ناظر کاکوروی نے بڑی اہم بات لکھی ہے کہ:

"اردو زبان کا جو اسب سے پہلے ہندوستان میں ہندوؤں نے ہی اپنے کاندھوں پر رکھا کیوں کہ جب ۱۰۲۷ء میں محمود نے پنجاب کو اپنی مملکت محروسہ میں شامل کیا تو لاہور کی ہندو رعایا نے اپنی کھڑی اور پنجابی زبان کی جگہ اس جدید زبان کو سر آنکھوں پر رکھا۔ گریہم بیلی کے مطابق ۱۰۲۷ سے اردو زبان رائج ہوئی۔"

سردار صاحب سردار جگت سنگھ ایڈیٹر رہنمائے تعلیم دہلی، کے اس اقتباس سے بھی اس کی تصدیق ہوتی ہے:

"اردو زبان کی جو بھی تاریخ اٹھا کر دیکھیں تو بلا مبالغہ اول سے آخر تک ہندو مصنفین، مولفین، ہندو ادیبوں اور انشاپردازوں سے بھری پائیں گے۔ سیکڑوں نہیں بلکہ ہزاروں معرکتہ الآرا کتابیں ہندوؤں نے اردو میں ایسی لکھیں کہ مسلمان ویسی نہیں لکھ سکے۔ مختلف اصناف سخن میں اردو کی جیسی بیش بہا خدمات ہندو ادیبوں نے انجام دیں کہ مسلمان وہاں تک نہیں پہنچ سکے۔ ذرا بتایئے کہ آج مسلمانوں میں بڑے بڑے افسانہ نگار اور ناول نگار موجود ہیں مگر منشی پریم چند سے کون بڑھ سکا۔ مسلمان انشا پردازوں نے بڑے بڑے دل چسپ ناول لکھے لیکن رتن ناتھ سرشار کے 'فسانہ آزاد' کا کون مقابلہ کر سکا۔ اردو کی خدمت اور اشاعت کے لیے مسلمانوں نے بہت سے ماہوار رسالے جاری کیے مگر منشی دیانارائن نگم کے رسالے زمانہ سے کون بازی لے جا سکا۔ اسلامی لٹریچر کی توسیع کے لیے مسلمانوں

نے بڑے بڑے مطبع قائم کیے مگر مطبع نول کشور سے زیادہ کون مشہور ہوا۔ مسلمانوں نے بڑے بڑے اخبار نکالے مگر اخبار عالم اور اودھ اخبار سے زیادہ کسے دیرپا قبولیت حاصل ہوئی۔ جب لاہور سے ہندوؤں کے روزنامہ اخبار نکلتے تھے تو مسلمانوں کے اخبارات کے مقابلے میں کس کی تعداد اشاعت زیادہ ہوتی تھی۔ حقیقتاً واقعہ یہ ہے کہ ہندوؤں نے ہرگز یہ نہیں سمجھا کہ یہ خاص مسلمانوں کی زبان ہے بلکہ حق الیقین کے ساتھ انھوں نے یہی سمجھا کہ ہم دونوں کی ایک مشترکہ زبان ہے اور ہم دونوں کا فرض ہے کہ ہم اسے ترقی دیں۔ اس حقیقت کو سمجھتے ہوئے انھوں نے اردو کی ترقی و ترویج میں وہ کام کئے جو مسلمانوں سے نہ ہو سکے۔ جس وقت اردو شاعری کا ایک مبسوط مکمل اور مفصل تذکرہ لکھنے کی ضرورت محسوس ہوئی تو لالہ سری رام نے خم خانہ جاوید کے نام سے لکھا کوئی مسلمان نہ لکھ سکا۔ جب اردو لٹریچر کی تفصیلی تاریخ مرتب کرنے کا وقت آیا تو اسے رائے بہادر رام بابو سکسینہ نے انجام دیا کوئی مسلمان آگے نہ آیا۔ پس اس حقیقت کی موجودگی میں یہ بات کس طرح صحیح ثابت ہو سکتی ہے کہ اردو صرف مسلمانوں کی زبان ہے اور اس لئے اسے ترک کر دینا چاہئے اور اسے دیش سے نکال دینا چاہئے۔"

اسی خیال کو پنڈت امر لال نے یوں شعری صورت عطا کی ہے:

نقشِ تہذیب کا ہے عنوان اردو
آسمانوں سے اونچا ہے مقام اردو
یہ فقط امت اسلام کی میراث نہیں
کیفی اور کرشن بھی ہیں امامِ اردو

عبد المنان طرزی کی یہ کتاب اسی کیفی اور کرشن کی تلاش سے عبارت ہے۔ اس کتاب میں انھوں نے ۳۷۵ ان غیر مسلم تخلیق کاروں کا منظوم تذکرہ لکھا ہے جنھوں نے مختلف اصناف سخن میں اپنے کمالات کے نقوش مرتسم کیے ہیں۔ ان میں فکشن، تاریخ اور تذکرہ نگار بھی ہیں، محقق، مرتب، مدیر، مونوگرافر، مکتوب نگار اور مترجم بھی ہیں۔ ناقد اور شار بھی ہیں۔ شاعر، صحافی، محاورہ نویس اور لغت نگار بھی ہیں اور یہاں یہ ذکر ضروری ہے کہ غیر مسلم فنکاروں نے صرف شعر و ادب نہیں بلکہ سائنسی، تکنیکی، معلوماتی اور افادی ادب میں گراں قدر اضافہ کیا ہے۔ اِن غیر مسلموں نے مختلف ادوار میں سائنسی علوم و معارف کے ترجمے کیے ہیں۔ جن میں دیبی پرشاد، رگھوناتھ سہائے، آتما رائے، چندو لال، دیارام، مکن لال، تیلو رام، رائے منولال، جگموہن لال، لالہ منولال بہار، منشی روپ چند وغیرہ کے نام قابل ذکر ہیں۔ یہاں تک کہ طامسن انجینئرنگ کالج رڑکی میں انجینئرنگ کی کتابیں بھی اردو میں ترجمہ کرنے والوں میں غیر مسلموں کے نام زیادہ ہیں۔ وہاں ے استعمال جر صقیل، رسالہ در باب پیمائش، مجموعہ سامان عمارت، قواعد حساب، متعلقہ فن انجینئرنگ، رسالہ درباب فن نجاری جیسے ترجمے غیر مسلموں کے کئے ہوئے ہیں۔ اس کی پوری تفصیل ڈاکٹر محمد شکیل خان کی کتاب "اردو میں سائنسی تکنیکی ادب" اور خواجہ حمید الدین شاہد کی "اردو میں سائنسی ادب" میں دیکھی جا سکتی ہے۔ پرانے زمانے میں میٹریا میڈیکا اردو کے نام سے جو کتاب بہت مشہور تھی وہ ڈاکٹر مکند لال کی تحریر کردہ تھی۔

عبد المنان طرزی کی ناز بردارانِ اردو یہ اپنی نوعیت کا پہلا منظوم تذکرہ ہے

جس میں ریاض ہند میں اردو جیسے خوش رنگ پودے کو سینچنے والے غیر مسلموں کے جواہر پاروں اور ان کی خدمات کو خلوصِ دل سے خراج پیش کیا گیا ہے۔

یہ کتاب اس تسلسل کی ایک کڑی ہے جس میں تذکرہ آثار الشعرائے ہنود (دیوی پرشاد بشاش اجمیری)، موجِ گنگ تذکرہ شعرائے ہنود (بدھ پرکاش گپتا جوہر دیوبندی)، نغمۂ ناقوس (بدھ پرکاش جوہر دیوبندی) اردو کے نان مسلم شعرا و ادیب (ڈاکٹر جگدیش مہتہ درد)، ہندو شعراء (خواجہ عشرت لکھنوی) اردو کے ہندی ادیب (ناظر کاکوروی) اردو شاعری کے ارتقاء میں ہندو شعرا کا حصہ (پروفیسر گنپت سہائے سری واستو)، تذکرہ ہندو شعرائے بہار (فصیح الدین بلخی)، اردو کے مسیحی شعرا (ڈی اے ہریسن قربان)، اردو کے غیر مسلم ناول نگار (ڈاکٹر سعیدہ بیگم رضوی)، اردو شاعری میں بہار کے ہندو شعرا کا حصہ (ڈاکٹر اسرار احمد)، دور جدید کے چند ہندو شعرا (عبدالشکور ایم اے)، مرادآباد کے غیر مسلم شعراموسوم بہ تذکرہ زیب چمن (مرتب محمد آصف حسین)، تذکرہ غیر مسلم شعرائے بدایوں (شاداب ذکی بدایونی)، راجستھان میں اردو زبان و ادب کے غیر مسلم حضرات کی خدمات (ابوالفیض عثمانی)، غیر منقسم بہار میں اردو کے غیر مسلم شعرا اور ان کی خدمات (ڈاکٹر محمد محفوظ الحسن)، اردو کے غیر مسلم شعرا (ڈاکٹر اسلم آزاد)، غیر مسلم شعرائے شاہجہاں پور (مبارک شمیم، لطیف رشیدی) اردو کے غیر مسلم افسانہ نگار (دیپک بدکی)، جھارکھنڈ میں اردو کے غیر مسلم فنکار (نزہت پروین)، ہندو مرثیہ گو شعراء (اکبر حیدری کاشمیری)، اردو کے ہندو مثنوی نگار (عطا اللہ پالوی)، بنگالی ہندوؤں کی اردو خدمات (شانتی رنجن بھٹاچاریہ)، اردو ادب میں

سکھوں کا حصہ (امام مرتضیٰ نقوی)، دستاویز دوحہ قطر کا خصوصی شمارہ اردو کے اہم غیر مسلم شعرا و ادبا کا سوانحی اشاریہ نمبر (عزیز بنیل) وغیرہ کے نام آتے ہیں۔ ان ساری کتابوں میں دلائل اور شواہد کے ساتھ یہ بات ثابت کرنے کی کوشش کی گئی ہے کہ غیر مسلموں نے اردو زبان کی وسعت اور ترقی میں بہت اہم کردار ادا کیا ہے اور یہ زبان تمام طبقات کی مشترکہ جائداد ہے۔ یہ ایک ناقابل تقسیم مشترکہ ورثہ ہے اور دونوں کی مشترکہ تہذیب کا مظہر ہے۔

ماضی کے تذکروں کو دیکھا جائے تو مسلمانوں اور غیر مسلموں کے تخلص اور تخلیق میں کوئی دوئی نہیں بلکہ ہم آہنگی نظر آتی ہے۔ ذرا اردو کے غیر مسلم شعراء کے یہ تخلص دیکھئے اور اندازہ لگایئے کہ اردو کے خوب صورت تخلص سے اتنی انسیت اور محبت تھی کہ انھوں نے اپنے نام کا جزو لاینفک بنانا بہتر سمجھا۔ آذر، آشفتہ، اکبر، احقر، افق، تمنا، تاباں، جودت، جنوں، جوہر، حسن، حضور، حیرت، خوشتر، دانش، دل گیر، دیوانہ، ذرہ، ذکا، ذوقی، راحت، رحمت، رسوا، رند، رنگین، زار، زاہد، ساقی، سالک، سرشار، سخنور، سعید، سلیم، شاد، شاداب، شاداں، شعلہ، شرر، شفق، شمیم، شوق، صادق، صبا، طالب، طاہر، ظریف، ظہور، عاجز، عاشق، عبرت، عاصی، عزیز، عندلیب، غافل، غبار، فدا، فدوی، فرحت، فقیر، فیض، فہیم، قدیم، کامل، مجروح، مدہوش، مسرت، مسرور، ناداں، نادر، وحدت، وحشی، وقار، وفا، ہنر، یاس، یقین۔ یہ سارے تخلص مسلمان شعرا کے نہیں بلکہ ہندو شعرا کے ہیں۔ اس سے کوئی بھی اندازہ لگا سکتا ہے کہ اگر اردو زبان سے انھیں محبت نہ ہوتی تو اس طرح کے تخلص کبھی گوارہ نہیں کرتے۔ حقیقت یہی ہے کہ غیر مسلموں نے

اردو کو اپنی زبان سمجھا اور مقدور بھر اس کی ترویج وترقی کی ہر عہد میں کوشش کی۔ اردو زبان کے آغاز اور ارتقائی مدارج میں ان غیر مسلم شعراء کا بہت اہم رول ہے اور اس کی تصدیق اردو میں لکھے گئے تذکروں سے بھی ہوتی ہے کہ بیشتر تذکروں میں ہندو شعراء کے کلام کی تحسین ملتی ہے۔ نکات الشعراء میں جہاں خان آرزو کا ذکر ہے وہیں آنند رام مخلص بھی ہیں۔ اسی طرح میر حسن کے تذکرے میں ٹیک چند بہار، راجہ رام نارائن موزوں بھی ہیں۔ شیفتہ کے تذکرے میں کم از کم پچاس ہندو شعراء کا ذکر ہے۔ تذکرہ شعرائے اردو (میر حسن)، گلشن ہند (مرزا علی لطف)، نکات الشعراء، (میر تقی میر)، گلشن بے خار (مصطفیٰ خاں شیفتہ)، جلوۂ خضر (صفیر بلگرامی)، سخن شعرا (عبد الغفور نساخ)، گلستان بے خزاں (قطب الدین باطن)، شمیم سخن (عبد الحی صفا)، چمنستان شعراء (لچھمی نارائن شفیق)، تذکرۂ ہندی (غلام ہمدانی صمدانی)، مجموعۂ نغز (قدرت اللہ قاسم)، عیار الشعراء (خوب چند ذکاء)، خزینۃ العلوم (درگا پرشاد نادر)، تذکرہ شعرائے کشمیری پنڈتاں المعروف بہ بہار گلشن (پنڈت برج کشن کول) وغیرہ میں بہت سے غیر مسلم اردو فارسی شعراء کے تذکرے ملتے ہیں خاص طور پر کائستھ، چھتری، کشمیری پنڈتوں کی اردو سے والہانہ شیفتگی رہی ہے اور انھوں نے اردو زبان کو ہی اپنے جذبات، احساسات، مشاہدات اور واردات قلبی کا ذریعۂ اظہار بنایا ہے۔

مطالعۂ تاریخ سے یہ حقیقت سامنے آتی ہے کہ عربی، اردو، فارسی کے مطالعات میں غیر مسلموں کی ایک معتد بہ تعداد ہے اور انھوں نے ان زبانوں کے ارتقا میں بہت اہم کردار ادا کیا ہے۔ اس کی تفصیل ڈاکٹر سید عبداللہ کی

کتاب "ادبیاتِ فارسی میں ہندوؤں کا حصہ "اور ڈاکٹر محمد فائق کی انگریزی میں مرتب کردہ کتاب

Contribution of Non Muslim poets and writers to the devepolment of Urdu Persian and Arabic studies

میں دیکھی جاسکتی ہے۔

عبد المنان طرزی نے اپنی کتاب 'ناز بردارانِ اردو' میں اردو کی اسی تاریخ اور تذکرے کا احیاء اور اعادہ کیا ہے اور یہ ثابت کیا ہے کہ غیر مسلم ادباء و شعرا نے اردو کے جملہ اصناف سخن میں اپنے کمالات کا ثبوت دیا ہے اور اتحاد و یگانگت، رفاقت اور مفاہمت کی اس زبان سے والہانہ محبت اور شیفتگی کا ثبوت دیا ہے جسے وقت اور حالات نے معاندت، مخاصمت، منافرت، اور مغایرت کی زبان بنا دیا ہے۔ پروفیسر طرزی نے اپنے منظوم تذکرے کے ذریعہ اردو زبان کی اس شناختی سیاست (identity politics) کی مکمل تردید کر دی ہے جس نے اس زبان کے کردار، اقدار اور معیار کو مسخ اور مجروح کیا ہے جب کہ یہ وہ زبان ہے جو کسی بھی مذہب یا قوم کی شناخت کی علامت نہیں ہے کیوں کہ اگر یہ مسلم آئیڈنٹٹی سے جڑی ہوتی تو ہندوستان کے سارے مسلمان صرف اردو زبان بولتے، لکھتے اور پڑھتے۔ پنجابی، مراٹھی، تیلگو، تمل، ملیالم اور کنڑ جیسی زبانوں سے مکمل پرہیز کرتے۔ جب کہ ان علاقوں کے مسلمانوں کی ذہنی مناسبت اردو کی بہ نسبت اپنی علاقائی زبانوں سے زیادہ ہے اور اگر اردو اسلام یا مسلمان کی علامت ہوتی تو بنگلہ زبان کی بنیاد پر بنگلہ دیش جیسا مسلم اکثریتی ملک وجود میں نہ آتا۔ اتنی بدیہی حقیقت کے باوجود اسے

مسلمانوں سے جوڑ دینا بہت بڑا المیہ ہے۔ اتنی بات تو سبھوں کو معلوم ہے کہ اردو اور ہندی کا تنازعہ لسانیات سے نہیں بلکہ معاشی مفادات اور مراعات سے جڑا ہوا تھا۔ صرف جلب منفعت اور لسانی ادعائیت اور نرگسیت کے لئے ان دونوں زبانوں کے مابین تفریق اور تقسیم کا سیاسی کھیل کھیلا گیا جب کہ دونوں زبانوں کی ترکیب اور ترتیب ایک جیسی ہے اور دونوں کا قالب سنسکرت ہے اور یوں بھی زبان کا رشتہ جغرافیائی علاقے سے ہوتا ہے مذہب سے نہیں۔ دنیا کی ساری بڑی زبانیں انگریزی، فرانسیسی، لاطینی، چینی، جاپانی، روسی، جرمن وغیرہ اپنے جغرافیہ سے پہچانی جاتی ہیں وہاں کے مذاہب سے نہیں۔ ڈاکٹر تاراچند نے بہت قیمتی بات لکھی ہے کہ "یورپ اور امریکہ میں کروڑوں عیسائی ہیں ان میں سے سوائے انے گنے لوگوں کے کسی کو عیسائی دھرم کی اصلی بھاشا کا گیان نہیں ہے۔ حضرت عیسیٰ مسیح عبرانی بولتے تھے اس میں انجیل کی پرانی اور نئی کتابیں ہیں مگر انگلستان، فرانس اور جرمنی اتیا بدیشوں کے عیسائیوں کو کبھی یہ گھبراہٹ نہیں ہوئی کہ بائبل کے عبرانی میں نہ ہونے کے کارن ان کے دھرم میں کوئی دربلتا آئی ہو۔ چین میں کروڑوں بدھ اور مسلمان ہیں نہ بدھ پالی جانتے ہیں جو ان کے دھرم کی پستکوں کی بھاشا ہے نہ مسلمان عربی لیکن دونوں اپنے اپنے مذہب میں پکے ہیں۔ ہندی میں اگر فارسی عربی کی پُٹ دے دی جائے تو ہندی دھرم کی ہان نہیں ہو سکتی اور اردو اگر ہندی کے لفظ اختیار کر لے تو اسلام خطرے میں نہیں پڑ جائے گا۔" حقیقت یہی ہے کہ اردو ہندی کی حریف نہیں بلکہ حلیف ہے اور اٹھارویں صدی تک یہ ہندو مسلمان کی مشترکہ زبان رہی ہے۔ جیسا کہ مورخین نے تاریخی وثائق اور شواہد کی روشنی میں تحریر کیا ہے۔

ہندی اور اردو میں تفریق دراصل تجارتی ذہن کی زائیدہ پولیٹکل پرسپشن اور کلچرل ڈائنامکس کی تبدیلی کا نتیجہ ہے۔ اردو کو مغلوں کے جبر سے جوڑ کر مسلم تشخص عطا کر دیا گیا جب کہ یہ وہ زبان ہے جس کی تشکیل اور تجمیل میں ہندوستانی عوام کا اہم رول رہا ہے اور یہ زبان ہند لسانی تہذیب کی علامت ہے۔ اسی زبان میں سناتن دھرم کا بیشتر لٹریچر ہے۔ مہابھارت، رامائن، بھگوت گیتا اور اپنشد کے سب سے زیادہ ترجمے اسی زبان میں ہوئے ہیں۔

عبدالمنان طرزی نے اسی امتزاجی زبان کے جمال و کمال میں غیر مسلموں کے کردار پر ایک منظوم کلامیہ پیش کیا ہے۔ انھوں نے کتاب کا آغاز آتش بہاول پوری سے کیا ہے اور ہنر پورن سنگھ پر اس کا اختتام ہوا ہے۔ آتش وہ شاعر ہیں جنھوں نے شمع فروزاں اور نذر اقبال جیسی کتاب لکھی اور ہنر وہ بالغ نظر شاعر و صحافی ہیں جو رسالہ چمن (امرتسر) کے مدیر رہے۔ 'الف' اور 'ہ' کے درمیان اس کتاب میں سینکڑوں نام ایسے ہیں جو بہت مشہور ہیں۔ مگر بہت سے نام ایسے بھی ہیں جن سے ایک بڑا حلقہ ناواقف ہے۔ عبدالمنان طرزی نے اس کتاب میں جگن ناتھ آزاد، ستیہ پال آنند، جمنا داس اختر، اوپندر ناتھ اشک، راجندر منچندا بانی، پنڈت برج موہن دتاتریہ کیفی، بلراج کومل، بلراج مینرا، بلراج ورما، بلونت سنگھ، تیج بہادر سپرو، پریم چند، جوش ملسیانی، جوگندر پال، جینت پرمار، چکبست، چندر بھان خیال، خوشتر گرامی، دیانارائن نگم، دیوندر ستیارتھی، دیویندر اسر، راجندر سنگھ بیدی، راج نارائن راز، رام بابو سکسینہ، رالف رسل، رتن ناتھ سرشار، رام لعل، کنور مہندر سنگھ بیدی، سرور جہاں آبادی، سریندر پرکاش، مہاراجہ سرکشن پرشاد، نریش کمار شاد، شانتی

رنجن بھٹا چاریہ، کرشن کمار طور، ظفر پیامی، فراق گورکھپوری، فکر تونسوی، کرشن چندر، کیول دھیر، کمار پاشی، کالی داس گپتا رضا، سمپورن سنگھ گلزار، گلزار دہلوی، گوپال متل، گوپی چند نارنگ، گیان چند جین، مالک رام، آنند نارائن ملا، پنڈت دیا شنکر نسیم، نند کشور وکرم، حکم چند نیر جیسے مشاہیر کا ذکر کیا ہے۔ تو وہیں آتش بنارسی، بابو اودھ بہاری بیدل، پرکاش ناتھ پرویز، جذب عالم پوری، جوہر بلگرامی، منشی بھاونی پرشاد حسرت، خلش گیاوی، دیا بریلوی، ذوق آسارام، رتن پنڈوری، روز امرتسری، سامی جبل پوری، دھرمیندر ناتھ سرمست، صابر نو بہار سنگھ، گیانی نہال سنگھ عفیف، کشتہ گیاوی، امر سنگھ منصور، ناز مرادآبادی، نہال لکھنوی، بھگوتی پرشاد ہمراز، سادھو سنگھ ہمدرد وغیرہ کا ذکر کیا ہے۔ ان کے منظوم تذکرے کا یہ طور وطرز دیکھئے کہ کتنی خوب صورتی سے صرف چار مصرعوں میں ساری کیفیات اور کوائف کو سمیٹنے کی کوشش کی ہے۔

نام سمپورن مشہور گلزار سے
فلمی دنیا کے ہیں اک جو شاعر بڑے
واسطہ رکھتے فکشن نگاری سے بھی
پایا اعزار ساہتیہ اکادمی
(گلزار سمپورن سنگھ)

ایک خاتون لدمیلا وسئیلوا
کام جن کا ہے تحقیق اور ترجمہ
آپ عیسائی ہیں ماسکو میں مقیم

جلوہ اردو کی جیسے ہیں وہ حریم

(لدمیلا وسئیلوا)

مالک رام بھی نام ہے ایک بڑا

کی ادارت بھی تحقیق بھی تذکرہ

آپ بیشک ہیں غالب شناس اک بڑے

ان کو اردو کی دولت گراں جانیے

(مالک رام بویچہ)

بیدی راجندر سنگھ ایک ایسی ذات تھی

فن کی میلی سی چادر میں ہے دل کشی

کام نکلا نہیں دانہ و دام سے

علتوں سے نجات ہم کہاں پا سکے

(راجندر سنگھ بیدی)

ودیا کانپوری تھیں ایک شاعرہ

ہے جہانِ سخن میں بڑا مرتبہ

شعری مجموعے آئے ہیں دو آپ کے

پایا شعر ادب نے وقار آپ سے

(ودیا کانپوری)

عبد المنان طرزی نے اپنے اس منظوم تذکرے میں بہت خوب صورت تجربے کیے ہیں۔ کہیں تصنیفات و تالیفات تو کہیں مقامات تو کہیں اعزازات کا ذکر

کیا ہے۔ شاعری میں شخصیت نگاری آسان نہیں ہوتی کیوں کہ عروضی زنجیروں میں ذہن جکڑا ہوا ہوتا ہے۔ عبد المنان طرزی کو اس تجربے میں کتنی تکلیف اور تکلف سے گزرنا ہوا ہو گا اس کا اندازہ وہی لوگ لگا سکتے ہیں جن کے پاؤں شاعری کی خار دار راہوں میں لہولہان ہوئے ہوں گے۔

نثر میں غیر مسلم قلم کاروں کے تعلق سے بہت سے ایسے تذکرے لکھے گئے ہیں مگر شاید یہ پہلا منظوم تذکرہ ہے۔ عبد المنان طرزی نے کتاب میں شامل تمام شخصیات کے قلمی نام، اصل نام اور تصنیفات و تالیفات کا بھی اندراج کیا ہے۔ گو کہ یہ اندراجات تشنہ اور نامکمل ہیں اور بہت سے اہم نام بھی چھوٹ گئے ہیں۔ مگر پھر بھی بہت سی تفصیلات کا علم ہو جاتا ہے۔ اس کتاب میں گلگرسٹ، گارساں دتاسی، ڈنکن فاربس، ڈاکٹر فیلن، جان ٹی پلاٹس، جان شیکپیئر، منشی چرنجی لال وغیرہ کا بھی ذکر شامل ہوتا تو زیادہ اچھا ہوتا کیوں کہ ان شخصیات نے اردو زبان میں اساسی نوعیت کے کام کئے ہیں۔ انھوں نے لغات اور محاورات کی ترتیب و تدوین جیسے مشکل معرکے سر کئے۔

نازبردارانِ اردو غیر مسلم قلم کاروں پر کام کرنے والوں کے لئے حوالہ جاتی حیثیت کی حامل ہے۔ انھوں نے مختلف اصناف کے حوالے سے قلم کاروں کی درجہ بندی کی ہے۔ کچھ یہی طرز دیوی پرشاد بشاش اجمیری خلف منشی نتھن لال بہجت نے تذکرہ آثار الشعرائے ہنود میں اختیار کیا تھا۔ ۵۲۴ ہندو شاعروں پر مشتمل بشاش کے اس تذکرے میں ولدیت، قومیت، سکونت، زمانہ اور تصنیفات کی تفصیل درج کی گئی تھی۔

عبدالمنان طرزی کا یہ کام بہت اہم ہے اور یہ کام ایک فرد نہیں بلکہ ادارے کے کرنے کا ہے۔ کیوں کہ یہ ایسا موضوع ہے جس پر مبسوط اور مربوط تحقیقی کام کی ضرورت ہے تاکہ تمام اہم ناموں کا استقصاء ہو سکے۔ خاص طور پر علاقائی سطح پر جو تذکرے ترتیب دیئے گئے ہیں انھیں بھی نظر میں رکھنے کی ضرورت ہے۔ اس ضمن میں شرف الدین یکتا کی بہار سخن (جودھ پور کے شعراء کا تذکرہ)، تذکرہ شعرائے جے پور (مولانا احترام الدین شاغل) تذکرہ شعرائے اودے پور (شاہد عزیز)، تذکرہ معاصر شعرائے جودھ پور (شین کاف نظام) ۲۷ جلدوں پر مشتمل تذکرہ شعرائے اترپردیش (عرفان عباسی)، ہفت رنگ (شاہد میر)، تذکرہ شعرائے بیکانیر (عزیز آزاد)، تذکرہ شعرائے کوٹہ (عقیل شاداب)، تذکرہ شعرائے کانپور (سلیم عنایتی، فاروق جائسی)، سخنورانِ شاہجہاں پور (مبارک شمیم)، تذکرہ سخنوران بڑودا (ظہیر صبا قادری)، چہرہ چہرہ (محبوب انور)، گوالیار اور اردو زبان و ادب (ڈاکٹر قمر گوالیاری)، سہسرام اور اردو شاعری (ڈاکٹر شمیم ہاشمی)، تذکرہ شعرائے سیتاپور (اسماء رفعت حسین)، تذکرہ غیر مسلم شعرائے اردو سیتاپور (وسیع سیتاپوری)، صد سالہ صحافت: ضلع بجنور (شکیل بجنوری)، تذکرہ شعرائے سہسوان (مرتبہ: حنیف نقوی) تذکرہ شعرائے بہرائچ (نعمت بہرائچی)، تذکرہ شعرائے بدایوں (شہید بدایونی) وغیرہ کا مطالعہ کیا جائے تو اور بھی بہت سے نام سامنے آئیں گے۔ خاص طور پر پانچ جلدوں پر مشتمل لالہ سری رام کے خمخانہ جاوید میں بھی بکثرت ہندو شاعروں کے نام اور کلام موجود ہیں۔ قومی اور علاقائی سطح پر لکھے گئے ایسے تمام تذکروں کا بالاستیعاب مطالعہ کرنے کے بعد ہی یہ اہم کام پایۂ تکمیل کو پہنچ

سکتا ہے۔ جس کے بہت مفید نتائج سامنے آئیں گے اور اردو زبان و ادب کے تعلق سے ذہنوں میں تعصبات کا جو زہر ہے اسے ختم کرنے میں اس سے بہت مدد ملے گی اور یہاں یہ ذکر ضروری ہے کہ جن غیر مسلم قلم کاروں نے اس تعلق سے تذکرے یا کتابیں تحریر کی ہیں ان کے پیش نظر بھی انہی غلط فہمیوں اور بدگمانیوں کا ازالہ رہا ہے۔ جگدیش مہتہ درد نے اپنی کتاب 'اردو کے نان مسلم شعراء و ادیب' میں واضح طور پر یہ لکھا ہے کہ:

"میرا مقصد یہ تھا اردو کے نان مسلم شعراء وادیب حصہ اول اور حصہ دوم لکھنے کا کہ اردو کے مخالفوں کی طرف سے وقتاً فوقتاً جو یہ گھناؤنا بے بنیاد الزام لگایا جاتا ہے کہ یہ مسلمانوں کی زبان ہے اس کو ہمیشہ ہمیشہ کے لئے جھوٹا ثابت کیا جائے۔ دوسرا جو لوگ اردو زبان سے نفرت کرتے ہیں یا اس کے وجود سے انکار کرتے ہیں وہ ہندوستان کی مشترکہ اور رنگا رنگ تہذیب اور قومی ایکتا سے حقیقت میں انکار کرتے ہیں۔ ایسا کر کے وہ اردو زبان سے دشمنی نہیں کرتے بلکہ ہندوستان سے دشمنی کے مرتکب ہوتے ہیں۔"

حصہ اول میں انھوں نے یہ بھی لکھا تھا کہ:

"اردو کے نان مسلم شعراء وادیب اس لئے مرتب کرنی پڑی کہ جن ہندو اور مسلم لیڈروں اور ادیبوں کی آنکھوں پر تعصب کی موٹی تہہ جم گئی ہے اور وہ اردو زبان کو مسلمانوں کی زبان کہتے ہیں ان کو بتلایا جائے کہ اردو زبان کو پروان چڑھانے میں ہندو مسلم سکھ عیسائی اینگلو انڈین اور انگریز شاعروں و ادیبوں یعنی سب کا برابر کا حصہ ہے۔ اور یہ حسین زبان مشترکہ ہے۔ اس زبان کے ذریعہ ہندو

مسلم، سکھ، عیسائی شاعروں اور ادیبوں نے ملک کے لوگوں کو انقلاب کے لئے تیار کیا تھا اور اسی زبان کی تخلیقات نے ہمیں آزادی سے ہمکنار کیا۔"

عبد المنان طرزی نے بھی شاید اسی مقصد کے تحت یہ منظوم تذکرہ تحریر کیا ہے۔ یہ یقیناً بہت اہم کام ہے جس کی پذیرائی حال میں بھی ہوگی اور مستقبل میں بھی۔ اس کتاب کے بین السطور میں بہت کچھ وہ بھی پنہاں ہے جسے ہم اس وقت اچھی طرح محسوس کر پائیں گے جب اس زبان کا قافیہ تنگ سے تنگ تر کر دیا جائے گا، جب متعصبانہ سیاست اور Langauge Prochialism اس کی حقیقی شناخت اور کردار کو مکمل طور پر مسخ کر دے گی تب اس جیسی کتاب کی ہمیں شدید ضرورت محسوس ہوگی۔

آج جب اردو کے خلاف متعصبانہ رویہ عام ہے اور غیر مسلموں کی نسل اردو سے نابلد ہوتی جارہی ہے اور مسلمانوں کا رشتہ بھی اس زبان سے کمزور ہوتا جارہا ہے اور یہ خوف بھی ستارہا ہے کہ کہیں انیتا دیسائی کے انگریزی ناول "In Custody" میں ظاہر کیا گیا یہ خدشہ سچ نہ ثابت ہو جائے کہ تقسیم ہند کے بعد یہ زبان زندہ نہیں رہے گی۔ شاعری کی زبان بن کر ایک خاص حلقے میں سمٹ جائے گی۔ اس سے پہلے کہ وہ وقت آئے ہمیں مزید حساس بیدار اور باشعور ہونے کی ضرورت ہے کیوں کہ اگر یہ زبان کمزور ہوتی گئی تو ہماری مشترکہ تہذیب بھی ناتواں ہوتی جائے گی کیوں کہ اردو صرف ایک طبقے کی نہیں بلکہ ہندوستان کے سبھی طبقات کی زبان ہے یہ صرف لکھنو اور دہلی کے اہل زبان یا اشرافیہ مسلمان کی نہیں بلکہ پورے ہندوستان کی ہے جو اویس احمد ادیب کی کتاب 'اردو زبان کی نئی تحقیق' کے مطابق آریوں کے

ساتھ ہندوستان آئی تھی۔ اور سنسکرت ہندوستان کی اولین اردو تھی۔ یہ زبان نہ تو فارسی کی شاخ ہے اور نہ عربی کا ثمر بلکہ ہندوستانیت کا محور و مظہر ہے۔ بقول جگدیش مہتہ درد:

"اردو کا چہرہ صدیوں کی شاندار روایات سے تابندہ ہے۔ آنکھوں میں وہ جادو جس نے خراسان و قندھار سے لے کر بنگالے تک لوگوں کو مسحور کیا۔ چہرے پر صبح بنارس کی تازگی، لبوں میں لکھنؤ کی حلاوت، گفتگو میں نرمی، پیکر میں رنگینی شام اودھ کی، یہ ہے ہماری آپ کی اور سب کی زبان۔"

اور اس زبان کو زندہ رکھنا ہم سب کا فرض ہے۔ ہمیں اسی کشادہ قلبی اور رواداری کا ثبوت دینا ہو گا جو ماضی میں ہمارا وطیرہ رہا ہے۔ ہم نے اردو زبان کو فرقہ وارانہ تعینات سے ہمیشہ پاک رکھا۔ آج بھی ہمیں اسے فرقہ وارانہ لسانی سیاست سے دور رکھنا ہو گا۔ غیر مسلموں کے ساتھ مسلمانوں کا ذہن بھی اس زبان کے باب میں تعصب اور عدم رواداری سے پاک صاف رہا ہے۔ یہی وجہ ہے کہ مسلمانوں نے کبھی غیر مسلم فن کاروں کے ساتھ امتیاز یا تعصب نہیں برتا بلکہ ان کے افکار، اقدار حتیٰ کہ اساطیر کے ساتھ بھی جذباتی ہم آہنگی کا ثبوت دیا۔ اگر ایسا نہ ہوتا تو شاید یہ مشہور اشعار نہ مسلمانوں کی زبان پر ہوتے اور نہ تحریری اور تقریری حوالوں میں شامل ہوتے جو غیر مسلموں نے کہے ہیں۔ آج بھی یہ اشعار اور مصرعے زبان زد خاص و عام ہیں:

آخر کو آگ لگ گئی گھر کے چراغ سے

(مہتاب رائے تاباں)

دل کے آئینے میں ہے تصویرِ یار
جب ذرا گردن جھکائی دیکھ لی
(موجی رام موجی)
غزالاں تم تو واقف ہو کہو مجنوں کے مرنے کی
دیوانہ مر گیا آخر کو ویرانے پہ کیا گزری
(رام نارائن موزوں)
کوئی معشوق ہے اس پردۂ زنگاری میں
(منولال صفا)
اب جگر تھام کے بیٹھو میری باری آئی
(مادھورام جوہر)
نہ خدا ہی ملا نہ وصال صنم
(گھنشیام لال عاصی)
کفر ٹوٹا خدا خدا کر کے
(دیا شنکر نسیم)
زندگی کیا ہے عناصر میں ظہور ترتیب
موت کیا ہے انھیں اجزا کا پریشاں ہونا
(چکبست)

یہ اس بات کا ثبوت ہے کہ مسلمانوں نے اردو زبان کو اپنا اجارہ نہیں سمجھا بلکہ ہر اچھے خیال اور ہر اس فرد کی قدر کی جس کا اردو زبان سے جذباتی رشتہ رہا ہے۔ یہ

زبان نہ تو اذان ہے نہ ناقوس، نہ یہ ایمان ہے نہ مسلمان، نہ یہ مذہب ہے نہ تہذیب، یہ تہذیبی امتزاجیت کا خوب صورت مظہر اور محبت کا استعارہ ہے۔ اردو کا کوئی مذہب تو نہیں مگر اس کا مذہب محبت اور انسانیت ضرور ہے۔ اور اس زبان پر قربان ہونے والے ایسے بھی ہیں جو علی الاعلان یہ کہتے ہیں کہ میں اپنا مذہب چھوڑ سکتا ہوں مگر اپنی زبان اردو نہیں۔ (جسٹس آنند نارائن مُلا)

لسانی سیاست کچھ لوگوں کی ذہنیت ضرور بدل سکتی ہے مگر یہ سماجی اور تاریخی حقیقت کبھی نہیں بدل سکتی کہ اردو ہماری گنگا جمنی تہذیب کی خوب صورت زبان ہے اور اس زبان سے عشق کرنے والوں میں ہندوستان کے تمام طبقات کے لوگ شامل ہیں۔ پروفیسر کنہیالال کپور نے بڑی قیمتی بات لکھی ہے کہ:

"یہ خوبصورت زبان ہندوستانی اور اسلامی تہذیب کے امتزاج سے وجود میں آئی۔ یہ مشترکہ تہذیب کی نشانی تھی۔ اس کی سرپرستی ہر مذہب کے لوگوں نے کی۔ مگر آزادی کے بعد یہ فرقہ پرستوں کے بھینٹ چڑھ گئی۔"

مجھے پتہ نہیں کہ اس زبان کے لیے مسلمانوں نے کوئی شہادت دی ہے یا نہیں لیکن مجھے یہ ضرور معلوم ہے کہ اردو زبان کی خاطر جن دو لوگوں نے جام شہادت نوش کیا ان کے نام پنڈت دیو نارائن پانڈے اور کامریڈ جے بہادر سنگھ ہیں اور میں سمجھتا ہوں کہ عبد المنان طرزی کی یہ کتاب ہزاروں غیر مسلم شیدائیان اردو کے ساتھ ساتھ ان شہیدان اردو کو بھی بہترین خراج محبت ہے۔

***

جرمنی میں اردو ذاتی تجربات کی روشنی میں

عارف نقوی

اردو کے مایہ ناز شاعر جگر مراد آبادی نے کہا تھا:

"۔۔۔میرا پیغام محبت ہے جہاں تک پہنچے۔"

اس پیغام کی نمائندہ اردو زبان کے شیدائی جرمنی کے سبھی شہروں میں موجود ہیں۔ جگہ بہ جگہ ہمیں صحرا میں بھی نخلستان نظر آتے اور طائر خوش گو کی مدھر آوازیں سننے کو مل جاتی ہیں جسے میں ہر حالت میں قابلِ تسکین سمجھتا ہوں اور ہر اُس پروانے کا خیر مقدم کرتا ہوں، جو اردو کی شمع کے گرد منڈلا رہا ہے۔ اسے اپنے سینے سے لگائے ہے۔ شاعر، افسانہ نگار، نقاد ہونے کا دعویٰ کرتا ہے یا کم سے کم اس زبان و ادب کے حسن اور اہمیت کا اعتراف کرتا ہے اور اردو زبان و ادب کی کچھ نہ کچھ خدمت کر رہا ہے۔

اس موقع پر میں اس بات پر زور دینا چاہوں گا کہ جرمنی میں اردو ادب کے فروغ کا کام میرے جیسے صرف چند لوگ ہی نہیں کر رہے ہیں، بلکہ برلن، بون، ہمبرگ، فرانک فورٹ یہاں تک کہ بہت سے چھوٹے چھوٹے قصبوں میں بھی اردو کے شیدائی اپنی زبان و ادب کو مقبول بنانے کے لئے کوشاں ہیں۔ اور جب سے

پناہگزینوں کی تعداد بڑھی ہے سرکاری حلقوں میں بھی اردو زبان کی جانکاری کی ضرورت محسوس کی جارہی ہے اور ترجمان کی مانگ بڑھ رہی ہے۔ جرمنی کے مختلف حصوں میں چھوٹی بڑی تنظیمیں اور گروپ جیسے اردو انجمن برلن، بزم ادب، ہیومن ویلفئیر فورم، رھائن سندھ فورم وغیرہ اردو کے فروغ کے کاموں میں مصروف ہیں۔ اردو انجمن برلن جسے میں نے محترمہ ڈاکٹر بٹینا روبتکا، محترمہ کشور روبتکا، مستعین خان وغیرہ کی مدد سے ۱۹۹۶ء میں برلن میں قائم کیا تھا۔ میں اس کا تب سے صدر ہوں۔ بٹینا روبتکا ابتداء میں اس کی نائب صدر تھیں اور کشور مصطفی جنرل سکریٹری۔ ان دونوں کے برلن سے جانے کے بعد انور ظہیر نائب صدر اور اُووے فائلباخ جنرل سکریٹری ہوئے۔ اردو انجمن برلن جرمنی کی پہلی سرکاری طور پر رجسٹر شدہ اور ٹیکس فری اردو تنظیم ہے۔ فرانکفورٹ میں ہیومن ویلفئر سوسائٹی کے صدر محترم اقبال حیدر رہیں۔ دوسرے عہدیداروں کے بارے میں مجھے کوئی علم نہیں ہے۔ بون میں رھائن انڈس فورم کے صدر پروفیسر اسلم سید اور جنرل سکریٹری محترمہ کشور مصطفیٰ ہیں۔ ایک دوسری سرگرم انجمن بزم ادب ہے جس کے صدر علی حیدر وفا ہیں جو پہلے انجمن جعفریہ کے روح رواں تھے۔ ان کے ساتھ سرور ظہیر اس کے سکریٹری ہیں۔ ہمبرگ میں محترمہ طاہرہ رباب اچھی صوفیانہ شاعری کر رہی ہیں اور اکثر مشاعرے کرتی رہتی ہیں۔ جبکہ جنوبی جرمنی میں اسحق ساجد صاحب خوبصورت گیت لکھتے ہیں اور کچھ عرصہ ایک رسالہ سمندر بھی نکالتے رہے ہیں۔ خدا کرے اس کی اشاعت پھر شروع ہو۔ مجھے یہ بتاتے ہوئے بھی خوشی ہو رہی ہے کہ ہمارے جلسوں، سیمیناروں اور مشاعروں میں سبھی مذاہب، ملتوں، قومیتوں اور رنگ و نسل

کے لوگ آتے ہیں اور اردو زبان کی خوبصورتی اور چاشنی سے لطف اندوز ہوتے ہیں اور اپنی اپنی زبانوں میں اردو ترجمہ کے ساتھ میں کلام بھی پیش کرتے ہیں۔

ہمارے جلسوں میں شرکت کے لئے ہندوستان سے ڈاکٹر عمّار رضوی، علی احمد فاطمی، پروفیسر راجم پلّے، پروفیسر خالد علوی، محترم ساگر ترپا ٹھی، پروفیسر اسلم جمشید پوری، ڈاکٹر عشرت ناہید اور بہت سے دیگر دانشور اور ادیب تشریف لا چکے ہیں۔

نومبر ۱۹۶۱ء میں جب میں جرمنی آیا تو مجھے یہ دیکھ کر افسوس ہوا تھا کہ یہاں کے دانشور حلقوں میں بہت کم لوگ اردو کے بارے میں جانتے تھے۔ برلن کی ہمبولٹ یونیورسٹی میں صرف سنسکرت پڑھائی جاتی تھی، کیونکہ اس کی یہاں پر پرانی روائت ہے میں۔ کچھ تھوڑی بہت بنگالی اور ہندی کی تعلیم کا بھی بندوبست تھا۔ اردو کی کوئی لابی نہیں تھی۔ ہندوستان کے ایک مشہور عالم ڈاکٹر کے ایم اشرف یہاں پروزیٹنگ پروفیسر تھے لیکن صرف تاریخ پڑھانے کے لئے۔ ۱۹۶۲ء میں جب لائپزگ میں جرمن سیکھ لینے کے بعد میں برلن کی ہمبولٹ یونیورسٹی میں جرمن ڈرامے پر تحقیق کے لئے آیا تو اس یونیورسٹی میں اردو کی تعلیم شروع کی گئی اور مجھے پارٹ ٹائم اردو پڑھانے کا کام سونپا گیا پھر بعد میں مجھے فُل ٹائم لکچرر شپ (اسسٹنٹ پروفیسر) کی ملازمت پیش کی گئی۔ اور اردو پڑھانے کا باقاعدہ سلسلہ شروع ہوا۔ میرا زور جرمنوں کو اردو پڑھانا اور اردو ادب کو جرمنی میں مقبول بنانا تھا۔

تقریباً اسی زمانے میں پاکستان سے محترم منیر الدین احمد صاحب جرمنی کے

شمالی شہر ہمبرگ میں تعلیم کی غرض سے آئے اور ۱۹۶۷ء میں انہوں نے ہمبرگ کے اورینٹ انسٹی ٹیوٹ میں کام کرنا شروع کیا۔ منیر صاحب نے نہ صرف خود کہانیاں لکھیں بلکہ لاتعداد جرمن کہانیوں، نظموں وغیرہ کے اردو میں ترجمے کر کے پاکستان کے رسالوں میں اور کتابوں کی شکل میں شائع کروائے۔ میں سمجھتا ہوں کہ جرمن ادب کو برصغیر میں اردو حلقوں میں متعارف کرانے میں انہوں نے جو بیش بہا خدمات انجام دی ہیں وہ بے مثال اور قابلِ ستائش ہیں۔ ورنہ میں نے تو یہ دیکھا ہے، کہ اکثر مختلف ممالک کے سفارتخانے اپنے کلچرل فنڈ میں سے رقمیں دے کر اپنے ملک کے ادب کا ترجمہ کرواتے ہیں، جو زیادہ تر انگریزی ترجمے سے ہوتا ہے اور اس میں کشش کی کمی ہوتی ہے

جرمنی میں میرے آنے کے بعد، جہاں برلن کی ہمبولٹ یونیورسٹی میں اردو پڑھانے کا باقاعدہ بندوبست کیا گیا تھا، جس نے اردو کے فروغ میں اہم رول ادا کیا، وہیں ہائڈلبرگ کی یونیورسٹی نے بھی اردو کی تعلیم میں پچھلی چند دہائیوں میں کافی اہم رول ادا کیا ہے۔ خاص طور سے اقبال چیر قائم ہونے کے بعد سے جس کے وزٹینگ پروفیسر کی حیثیت سے پروفیسر فتح محمد ملک کئی برس وہاں قیام کر چکے ہیں وہ ہماری اردو انجمن کے سیمینار 'یاد غالب' میں شرکت کے لئے ۱۹۹۶ء میں برلن بھی تشریف لائے تھے۔ اسی طرح میں شہر ایرفورٹ کی یونیورسٹی کا حوالہ دینا چاہوں گا جہاں میں نے خود تین برس شعبۂ اسلامیات میں اردو کی تعلیم دی تھی۔

میں پاکستان کے محترم ڈاکٹر اقبال صدیقی کا بھی حوالہ دینا چاہوں گا، جنہوں نے جرمن اردو لغت تیار کر کے کچھ حد تک ایک اہم ضرورت کو پورا کیا ہے۔ جسے

اسلام آباد سے 'مقتدرہ قومی زبان' نے شائع کیا ہے۔

ایک دوسری شخصیت جس کے بغیر میں اپنی بات مکمل نہیں کر سکتا وہ پروفیسر اَنے ماری شِمِل کی ہے، جنہیں اقبال سے والہانہ عشق تھا اور اپنے تراجم کے ذریعے انہوں نے عظیم شعراء کی مشکل شاعری میں بھی جرمن اسکالروں کے لئے دلچسپی کے پہلو نکالے تھے۔ شاید ان کی کامیابی کے راز ان کا مزاج اور اسلامیات پر ان کی مہارت بھی تھی۔ میری ان سے آخری بار ملاقات برلن میں ہوئی تھی۔ افسوس کہ ان کی زندگی نے زیادہ دن ساتھ نہ دیا۔ مجھے پروفیسر کرسٹینا اوسٹر ہیلڈ کا ذکر کرتے ہوئے بھی فخر محسوس ہو رہا ہے۔ وہ اور ایک دوسری اسکالر کارین فریڈل ہمبولٹ یونیورسٹی میں میری بہترین طالبات تھیں۔ کارین فریڈل نے تو بعد میں ایک انڈونیشین تجار سے شادی کر کے اردو سے قطع تعلق کر لیا لیکن کرسٹینا نے ثابت قدمی اور محنت سے قرۃ العین حیدر پر ریسرچ کی اور ہندوستان و پاکستان جا کر اپنی اردو کو اور زیادہ مانجھا اور ہائیڈل برگ کی یونیورسٹی میں اردو کی پروفسر اور صدر شعبہ بن کر تعلیم کے میدان میں اردو کو کافی فروغ دیا۔ جس پر ہم فخر کر سکتے ہیں۔ ا۔

غرضیکہ بتانے کے لئے بہت کچھ ہے۔ اور بھی بہت سے نام گنائے جاسکتے ہِں۔ برصغیر سے آنے والے اردو اسکالروں، مصنفوں اور شاعروں کی آمد سے بھی ہمیں اردو کو مقبول بنانے میں بہت مدد ملی ہے، جو ہمارے جلسوں، سیمیناروں اور مشاعروں کی شان بنے اور جرمن دانشوروں سے ان کے رابطہ نے ہمارے لئے اردو کے فروغ کے امکانات میں اضافہ کیا۔ ایسے مہمانوں میں ہم فیض احمد فیض، سجاد ظہیر، کرشن چندر، خواجہ احمد عباس، سردار جعفری، فتح محمد ملک، انتظار حسین، افتخار

عارف، احمد فراز، فہمیدہ ریاض، جمیل الدین عالی، مستنصر حسین تارڑ، خلیق حارث، عثمان پیرزادہ وغیرہ کے نام مجھے یاد آرہے ہیں، جن سے مجھے خود یہاں ملنے کا موقع ملا تھا۔ افتخار عارف تو کیونکہ عرصۂ دراز تک لندن میں رہ چکے تھے اور یوروپین مزاج کو پہچانتے تھے اس لئے ان کے لئے جو خاص جلسہ کیا گیا اس میں اور بعد میں جرمن دانشوروں کے درمیان وہ اردو کی خوبصورتی اور اہمیت کو بہت اچھی طرح سمجھا سکے۔ اسی طرح فیض احمد فیض (فیض بھائی) نے جب وہ یہاں میرے گھر پر آئے تو جرمن ریڈیو کے لئے ترقی پسند تحریک اور ادب کے بارے میں مجھے ایک خاص انٹرویو دیا، جو بہت پسند کیا گیا۔ ایسی ہی بہت سی مثالیں دی جا سکتی ہیں۔

لیکن یہ سب اتنا آسان نہیں جتنا دور سے نظر آتا ہے۔ میں اس موقع پر جرمنی میں اپنے نصف صدی کے قیام کے سبھی تجربات پیش کروں گا تو آپ کا بہت وقت ضائع ہو گا۔ پھر بھی مجھے اجازت دیجئے کہ ایک دو مثالیں اور پیش کروں۔

جن دنوں میں برلن کی ہمبولٹ یونیورسٹی میں اردو پڑھاتا تھا، ایک جرمن میرے کلاس میں اردو پڑھنے کے لئے آیا۔ دیکھنے سے ایسا لگتا تھا جیسے کارل مارکس چلے آئے ہوں۔ معلوم ہوا کہ وہ مجھ سے عمر میں صرف ایک مہینہ چھوٹا ہے اور فارسی اور عربی پر عبور رکھتا ہے۔ بعد میں اسے اردو سے اتنی رغبت ہوئی کہ وہ ہماری اردو انجمن کا رکن بن گیا اور اب اس کا جنرل سکریٹری ہے۔ اور جو بھی مہمان بر صغیر سے ہمارے جلسوں میں شرکت کے لئے آتا ہے اس کی تقریروں کا جرمن زبان میں ترجمہ کرنے میں مدد دیتا ہے۔ اس کا نام اُووے فائکباخ ہے۔

اسی طرح ایک جرمن نوجوان یونیورسٹی میں میرے پاس اردو پڑھنے کے لئے

آیا۔ معلوم ہوا کہ فری یونیورسٹی سے اس کو اردو سیکھنے کے لئے ہمبولٹ یونیورسٹی میں بھیجا گیا ہے۔ وہ بھی کافی ذہین تھا اور ستار بجانے کا شوقین بھی تھا۔ میں نے اسے اردو شعر و شاعری کے بارے میں بھی کچھ باتیں بتائیں اور اردو انجمن کے ایک مشاعرے میں شرکت کی دعوت دی۔ کچھ دن بعد اس کا

فون میرے پاس آیا۔ کہنے لگا میں نے بھی ایک غزل لکھی ہے دیکھ لیجئے ٹھیک ہے یا نہیں۔ بہر حال میں نے اس کی ہمت کی داد دی۔ یہ اس کی اب تک پہلی اور آخری غزل تھی۔ اب وہ ہماری اردو انجمن کا ممبر ہے اور پروگراموں میں ستار بجاتا ہے۔

ایک دوسری دلچسپ شخصیت ایک اٹیلین خاتون کاتھرینا پنٹو کی ہے۔ اسے اٹلی کی Neaple نیپل یونیورسٹی نے برلن کی

ہمبولٹیو نیورسٹی میں اردو میں ایم اے کا کورس مکمل کرنے کے لئے بھیجا تھا اور وہ میرے پاس پڑھنے کے لئے آئی تھی۔ وہ بھی اردو زبان اور ہمارے جلسوں سے اتنی متاثر ہوئی کہ ہماری انجمن کی سرگرم ممبر بن گئی۔

اس نے میری کہانیوں اور نظموں کا اٹیلین زبان میں ترجمہ کیا اور اپنی تھیسس میرے ادبی کاموں اور اردو انجمن کی سرگرمیوں پر لکھی۔ بعد میں جب اٹلی لوٹ کر وہ اپنی تھیسس کا ڈیفنس کر رہی تھی تو اس کا امتحان لینے والے پینل میں مجھے بھی نیپل یونیورسٹی نے وہاں آنے کی دعوت دی۔ کاتھرینا نے سات پروفیسروں کے پینل کے سامنے جس میں وہاں کے ڈین فیکلٹی آف آرٹس بھی تھے اور میں بھی شامل تھا نیز سو مشاہدین موجود تھے، اپنی تھیسس کا اتنا اچھا ڈیفنس کیا، کہ اسے ۱۱۰

میں سے ۱۰۸ نمبر ملے اور لاتعداد گلدستوں کے ساتھ مبارکبادیں دی گئیں۔ لیکن افسوس کہ اب وہ ایک ایسے پیشے سے جڑ گئی ہے جہاں آمدنی تو خوب ہے، لیکن اردو سے اس کا تعلق نہیں رہا ہے۔ اور یہ صرف اسی کے ساتھ نہیں بلکہ اردو پڑھنے والے بہت سے لوگوں کے ساتھ ہوتا ہے۔ جنھیں یہ سمجھ میں نہیں آتا کہ اردو پڑھنے کے بعد وہ اپنا مستقبل کیسے سنواریں؟ ایسی لاتعداد مثالیں میرے سامنے ہیں۔

بہر حال جرمنی میں اردو کے فروغ کے امکانات بہت ہیں۔ میں یہ بھی بتادوں کہ پچھلے چند برسوں میں یہاں پر بسے ہوئے اردو داں لوگوں نے درجنوں اچھی بری کتابیں شائع کی ہیں ان میں

شعری مجموعے بھی ہیں، افسانوں کے مجموعے بھی، سفر نامے اور تاریخی مضامین اور آپ بیتیاں بھی۔ میری بھی بیس کے قریب کتابیں شائع ہو چکی ہیں۔ لیکن میرا اصل مقصد اپنے بارے میں ذکر کا نہیں بلکہ اردو ادب کو جرمنی میں پھیلانے کے امکانات اور مسائل کا ذکر کرنا ہے۔ جہاں تک جرمن ادب کو اردو میں منتقل کرنے کا کام ہے یہ مجھ سے بہتر دوسرے لوگ کر چکے ہیں۔ میرا کام تو یہ ہے کہ میں جن لوگوں میں رہتا ہوں ان میں اردو کو مقبول بنایا جائے۔

اس سلسلے میں ہماری سب سے بڑی مجبوری تو یہ ہے کہ یوروپین مزاج کے مطابق اردو پڑھانے کی کتابیں اور دیگر مٹیریل نہیں ہیں، ناہی کوئی مستند اور نستالیق میں چھپی اردو۔ جرمن اور جرمن۔ اردو ڈکشنریاں یورپ میں ہیں۔ ہمیں اپنی زبان میں بھی اصلاحات کرنا ہوں گی اور رسم الخط کو آسان بنانا ہوگا، اگر ہم چاہتے ہیں کہ

عالمی پیمانے پر اردو کو فروغ دیں۔ طلباء کو زبردستی 'ا' اور 'ع'، یا 'ت' اور 'ط' اور 'ذ'، 'ز'، 'ض' اور 'ظ' کے گورکھ دھندے میں نہ الجھائیں۔ نیز انٹرنیٹ اور وھاٹس اپ وغیرہ میں اردو کو رومن میں کس طرح لکھا جاتا ہے، اس کے لئے سنجیدگی سے کام کرکے اصول بنائیں۔ اس وقت اردو ادب سے جرمن زبان میں ترجمے کی بہت کمی ہے۔ جرمنوں نے خود جو ترجمے کئے ہیں وہ زیادہ تر انگریزی سے ہیں۔ اگر ہم جرمن زبان سے اردو میں ترجمہ کرلیتے ہیں تو ہمیں معلوم ہے کہ وہ افسانہ یا مضمون برصغیر کے کسی رسالے میں شائع ہو جائے گا یا کتاب کی صورت میں آجائے گا۔ لیکن اردو سے جرمن میں ترجمہ کرنے کے بعد یہ نہیں معلوم ہوتا کہ اسے کون چھاپنا پسند کرے گا۔ پھر یہ بھی ضروری ہے کہ ہم جن مضامین کا انتخاب کر رہے ہیں وہ جرمنوں کے مزاج سے میل کھائے اور وہ اسے آسانی سے قبول کریں۔ ہم اپنے روایتی مضامین اور انداز سے جرمنوں کا دل نہیں جیت سکتے۔ ساتھ ہی یہ کہ ترجمے کے وقت جرمنوں کے مزاج کا خیال رکھتے ہوئے اس طرح ڈوب کر ترجمہ کریں کہ وہ صرف ترجمہ نہ لگے، بلکہ یہ محسوس ہو کہ آپ جرمن قاری کے سامنے اصلی منظر اور اصلی کردار پیش کر رہے ہیں۔

مثلاً چند مثالیں ملاحظہ کیجئے۔ یہاں آنے کے بعد ۱۹۶۴ء میں میں نے اپنی ایک کہانی 'ایک سے چار' کا دل سے جرمن زبان میں ترجمہ کیا جو پہلے کراچی کے افکار میں شائع ہو چکی تھی۔ وہ جرمن رائٹرس یونین کے برلن سے نکلنے والے جرمن رسالے Neue Deutsche Literatur نے فوراً شائع کی اور پسند کی گئی۔ اگلے سال اسی رسالے نے میری ایک نظم جرمن میں شائع کی۔ دو سال بعد ۱۹۶۷ء میں امن کے

موضوع پر نظموں کے ایک ضخیم مجموعے میں جو برلن سے Traennen und Rosen کے نام سے شائع ہوا میری نظم شائع کی گئی۔ اور بھی کئی نظمیں مختلف رسالوں میں شائع ہوئیں۔ میں نے کرشن چندر کی کہانی 'آخری بس' کا جرمن میں ترجمہکیا۔ وہ جرمن رسالے Sinn und Form میں شائع ہوئی۔ کرشن چندر کے دو ڈراموں 'سرائے کے باہر' اور 'کتے کی موت' کا میں نے ریڈیو برلن کے لئے ترجمہ کیا جو براڈ کاسٹ کئے گئے اور اتنے پسند کئے گئے کہ بار بار براڈ کاسٹ ہوئے۔ اسی طرح میرے لکھے ڈرامے یہاں اسٹیج پر جرمن زبان میں کھیلے گئے اور پسند کئے گئے۔

۲۰۱۵ء میں میری نظموں کا جرمن زبان میں مجموعہ Dornen und Rosen (خار اور گُل) کے نام سے اور ۲۰۱۶ء میں میرے افسانوں کا جرمن زبان میں مجموعہ Zum Paradies auf Erden (سوئے فردوسِ زمیں) کے نام سے شائع ہوا۔ برلن میں ان کتابوں کی رسم اجرا کی تقریبات ہوئیں جن میں بڑی تعداد میں جرمنوں نے شرکت کی اور یہ کتابیں ہاتھوں ہاتھ خریدیں۔

غرضیکہ اگر ہم یوروپین مزاج اور شعور کو مد نظر رکھتے ہوئے دل سے اردو کی تخلیقات کا ترجمہ کریں، تو جرمن قاری انھیں دل سے قبول کریں گے چاہے وہ امن عالم کے متعلق ہوں، انسانی حقوق سے یا ماحولیات اور دیگر سماجی مسائل کے متعلق۔ ہمارے سامنے امکانات کا ایک وسیع میدان ہے، ضرورت مزاج فہمی، موضوع کا انتخاب، شوق، لگن اور ہمت کی ہے۔

***

مہجری ادب، بیچاری اردو اور مفاد پرستی

فہیم اختر

ان دنوں ہند و پاک کی ادبی محفلوں میں 'مہجری ادب' کا بہت شور و غوغا سنائی دے رہا ہے۔ اپنے بہتر مستقبل کی خاطر ہجرت کرنا زمانہ قدیم سے ہی دنیا کا دستور ہے۔ وطن عزیز سے دور اپنی زبان و تہذیب سے جذباتی وابستگی فطری عمل ہے۔ اردو زبان کی خوبی رہی ہے کہ ہر زمانے میں رونما ہونے والے تغیرات کا اس نے بھرپور ساتھ دیا ہے۔

ایسا دیکھا جارہا ہے کہ آج کچھ لوگ ادب کو'ہجری ادب'، 'دلت ادب' 'احتجاجی ادب' جیسے القاب سے موسوم کرتے ہیں۔ ان سب تماشوں کے درمیان اردو بیچاری اپنے وجود میں ادبیت تلاش کرتی پھر رہی ہے کہ میری پہچان شائستگی رواداری شیرینی کی وجہ ہے۔ وہ اب کہاں ہے۔ کچھ لوگ اردو کی خدمت کے نام پر بین الاقوامی سطح پر اپنی دکان چمکانے کی بھرپور کوشش کر رہے ہیں اور وہ مہجری ادب کے نام پر تقریبات کا اہتمام بھی کرتے ہیں اور ان میں شاعروں سے زیادہ متشاعر، ادیبوں سے زیادہ ناخلف جمع کئے جاتے ہیں۔ مجھے لگتا ہے کہ ایسا اس لئے ہورہا ہے کہ ہندوستان و پاکستان کے چند نام نہاد اسکالر ممکن ہے بیرون ممالک

بالخصوص یورپ، مصر اور ترکی وغیرہ کا دورہ کرنے کی شدید خواہش رکھتے ہیں۔ یہی وجہ ہے کہ مہجری ادب، بیچاری اردو اور مفاد پرستی آج کل بحث کا موضوع بنا ہوا ہے۔

اس کا اندازہ مجھے ذاتی مشاہدہ اور آن لائن کے پروگرام سے بھی ہوا۔ آئے دن آن لائن پروگرام کے ذریعہ اردو ادب کے حوالے سے دنیا بھر کے مختلف تقریبات سے واقفیت ہو رہی ہے۔ جس میں اردو کے شیدائی اور اپنے اپنے طور پر آن لائن پروگرام سے ہم جیسے اردو کے طالب علموں کی معلومات می اضافہ بھی کر رہی ہیں۔ میں ان کا ممنون ہوں۔ لیکن سوشل میڈیا کے ذریعہ وہیں کچھ لوگ ایسی باتیں بھی کر رہے ہیں جو ہم سب کے لیے تشویش ناک اور لمحہ فکریہ بھی ہے۔ جس نے مجھے قلم اٹھانے پر مجبور کر دیا ہے۔

اردو ایک زندہ زبان ہے اور ایک اندازے کے مطابق لگ بھگ پوری دنیا میں سو میلین سے زیادہ لوگ اردو زبان بولتے ہیں۔ دنیا میں لگ بھگ سات ہزار زبانیں بولی جاتی ہیں۔ Ethnologue(Languages of the World) کے مطابق دنیا کی تیس مقبول ترین اور سب سے زیادہ بولی جانے والی زبانوں میں اردو زبان کو انیسواں مقام حاصل ہے۔ جس سے ہمارے ساتھ آپ کو بھی فخر ہوتا ہوگا۔ اور کیوں نہ ہو ہم سب اردو زبان کی ترقی و ترویج کے لیے دنیا بھر میں اپنے اپنے طور پر نمایاں رول نبھا رہے ہیں۔

یوں بھی برطانیہ کو اردو کا تیسرا مرکز مانا جاتا ہے اور اس کی ایک وجہ یہ ہے کہ یہاں کئی نامور شاعر، ادیب، مصنف اور دانشوروں نے اردو زبان میں اپنی تخلیقات

شائع کی ہیں جو اردو کی ترویج میں بلا شبہ ممد و معاون ثابت ہوتی ہیں۔ لیکن حال ہی میں مہجری ادب کے حوالے سے ایک آن لائن پروگرام کا انعقاد کیا گیا جس میں برطانیہ اور یورپ سے ایسے لوگوں کا تعارف کرایا گیا جنہوں نے اردو ادب کی خدمت کم اور اپنی ذاتی مفاد کے لیے اپنی دکان خوب چمکائی ہے۔ یہ لوگ اپنے اپنے طور پر یک نفری ذاتی ادارہ بنا کر ہندوستان اور پاکستان کے ساتھ ساتھ دنیا بھر میں نام نمود کے لیے بیچاری اردو زبان کا استحصال کر رہے ہیں۔

جس کی سربراہی کچھ ایسے لوگ کر رہے ہیں جنہیں غیر ممالک سفر کا بے حد شوق ہے۔ یہی وجہ ہے کہ بہت سارے لوگ ایسے خود ساختہ خدمت گاروں کو اردو ادب کا 'ابن بطوطہ' بھی کہہ رہے ہیں۔ ان کے آن لائن پروگرام میں دروغ گوئی اور کذب بیانی کا سہارا لے کر معمولی بیرون ممالک مہمانوں کی جھوٹی تعریف کے ذریعہ انہیں میر، غالب، اقبال اور فیض کی صف میں لا کھڑا کیا جاتا ہے۔ جو کہ ایک صرف شرمناک بات ہی نہیں بلکہ قبیح فعل بھی ہے۔ مجھے حیرانی ہے کے کیا اردو زبان و ادب کی خدمت صرف مصر میں ہی ہو رہی ہے؟ آخر کیا وجہ ہے کہ یہ نام نہاد خدمت گار کہ ہر پروگرام میں صرف مصر کے مہمان ہی زیادہ دکھائی دیتے ہیں۔ غور طلب بات یہ بھی ہے کہ بیرون ممالک کے زیادہ تر مہمان عمر رسیدہ ہوتے ہیں اور نوجوان طبقہ سرے سے خارج ہوتا ہے۔

میں اس بات سے اتفاق کرتا ہوں کہ اُردو کا جو حال زار ہے اس پر سنجیدگی سے بحث کی جانی چاہیے۔ مجھے اس کی بھی تشویش ہے کہ یہ معاملہ ادب سے متعلق ہے یا محض اردو زبان کے نام پر ایک کھلواڑ۔۔۔؟ یا خدمت کے نام پر اپنی شخصیت کو

نمایاں کرنے کی ہوس ہے۔ بات چاہے کچھ بھی ہو مجھے ایسے لوگوں کی نیت میں کھوٹ دکھ رہی ہے۔ آخر کیا وجہ ہے کہ ہر سال مہجری ادب کی فکر ہندوستان اور پاکستان کے ہی چند افراد کو ستانے لگتی ہے۔ میں نے تو پچھلے سال سے اب تک دنیا بھر کے آن لائن پروگرام میں دنیا بھر کے ادیبوں اور اردو داں کو شامل ہوتے دیکھا ہے۔ تو کیوں یہ حضرات مہجری ادب کے نام پر اردو زبان کو تقسیم کرنے میں لگے ہوئے ہیں۔

میں یورپ کی نو آباد اردو بستیوں میں اردو کے حوالے سے بہت مطمئین نہیں ہوں۔ ہم مختلف انجمنوں کی تقاریب میں شرکت کر کہ کچھ پل کے لیے خوش تو ضرور ہو جاتے ہیں۔ لیکن نہ جانے کیوں ایسا محسوس ہوتا ہے کہ ہم اپنے آپ کو تو دھوکہ دے ہی رہے ہیں بلکہ ہندوستان و پاکستان کے لوگوں کے ساتھ بھی ایمانداری سے پیش نہیں آرہے ہیں۔ ان دنوں یہ بات بھی زیر بحث ہے کہ کیا یورپ میں اردو کی بستیوں کا حوالہ دینا یا اردو کی بستیاں کہنا درست ہے؟ بقول ماہر نقاد شمس الرحمن فاروقی 'ہمارے بعض دوستوں نے 'اردو کی نئی بستیاں' کا نعرہ ایجاد کیا ہے۔ خدا ہی جانے کہ یہ نعرہ کسی سنجیدہ مطالعے اور حقائق و اعداد و شمار پر مبنی ہے یا بھولے بھالے اردو والوں کو رجھانے کے لیے ایک سیاسی سٹنٹ ہے'۔ شمس الرحمن فاروقی مزید لکھتے ہیں کہ 'اصل سوال یہ ہے کہ اردو کا تھوڑا بہت وجود جو بیرونی ممالک میں کہیں کہیں نظر آتا ہے وہ قائم رہے گا یا نہیں؟ اور قائم رہے گا تو کیا اتنے بہت سے لوگوں کی مادری زبان اور اولین زبان کی حیثیت سے قائم رہے گا کہ اس میں ادب تخلیق ہو سکے؟ مجھے دونوں باتوں میں ظاہر کئے گئے شبہات کلی طور

پر اتفاق ہے'۔

شمس الرحمن فاروقی کی اس بات سے میں بھی سو فی صد اتفاق کرتا ہوں۔ اس میں کوئی شک نہیں کہ برطانیہ سمیت یورپ بھر میں

آئے دن مشاعرے، کانفرنس ہوتے رہتے ہیں جو کہ ایک امید افزاء بات ہے۔ جس سے ہم محبانِ اردو کو کچھ حد تک اردو کی خدمت اور اپنے جوہر کو دکھانے کا موقعہ ضرور مل جاتا ہے۔ لیکن ان تقریبات میں نئی نسل کی عدم موجودگی اس بات کی نشاندہی کرتی ہے کہ برطانیہ اور یورپ کی نئی نسل اردو پڑھنے اور بولنے کی حد تو ٹھیک ہیں لیکن اردو کی ادبی محفلوں میں ان کی غیر موجودگی ایک تشویش اور فکر انگیز بات ہے۔ تاہم ہمیں توجہ اس بات پر دینی چاہیے کہ نئی نسل کو اردو کی طرف کیسے راغب کیا جائے۔

سوشل میڈیا آج دنیا میں مراسلات کا اہم ذریعہ بن چکا ہے۔ روازانہ لاکھوں لوگ سوشل میڈیا کے ذریعے اپنے پیغام کی ترسیل دوسروں تک بہت ہی آسانی سے کرتے ہیں۔ اس میں کوئی شک نہیں کہ سوشل میڈیا کے ذریعے سیکھنے اور سکھانے کے مواقع بھی ملنے لگے ہیں۔ جس سے ہر عام و خاص فیضیاب ہو رہا ہے۔ تاہم سوشل میڈیا سے جہاں لوگوں کو اپنی بات پیش کرنے میں آسانی ہو رہی ہے وہیں لوگوں میں گمراہ کن باتوں کی وجہ سے پریشانیاں بھی بڑھی ہیں۔

میں اردو زبان کی ترقی و ترویج کے لیے دنیا بھر کے ادیبوں اور اردو داں کو ایک خاندان مانتا ہوں۔ بیرون ممالک میں بسنے والے زیادہ تر اردو ادیبوں کی نگارشات سے ہم سوشل میڈیا کے ذریعہ روزانہ متعارف ہو رہے ہیں۔ ہاں البتہ ان

نام نہاد اردو کے خدمت گاروں کے ذریعہ پھیلائی گئی مہجری ادب کی تبلیغ اور گمراہ کن باتوں نے لوگوں کو الجھن میں ڈال دیا ہے۔ برائے مہربانی اردو ادب کو مہجری، نئ بستی، احتجاجی، دلت، وغیرہ کا نام دے کر کمزور کرنے کی کوشش نہ کی جائے۔ مجھے امید ہے کہ اردوداں طبقہ اس سازش کو سرے سے خارج کر دے گا۔ گنگا جمنی تہذیب اردو زبان کی خصوصیت رہی ہے اور یہی اس کی شناخت بھی ہے۔ اردو و زبان کی یہ خوبی ہے کہ ہم بلا تفریق مذہب و ملت، قوم و نسل، ذات پات، ایک دوسرے سے زبان و ادب کے وسیلے سے جڑے ہوئے ہیں۔

***

کشمیر کا معاصر اردو افسانہ

عرفان رشید

کشمیر میں اردو فکشن کی ایک مستحکم اور شاندار تاریخ رہی ہے بلخصوص فنِ افسانہ نگاری کی۔ادبی تاریخ کا مطالعہ ہمیں یہ بتاتا ہے کہ جموں وکشمیر میں ایسے افسانہ نگار بھی سامنے آئے ہیں جنہوں نے اس صنف میں قومی سطح کے ادبی منظر نامے پر ایک گہری چھاپ قائم کی ہے۔جن میں محمد دین فوق، پریم ناتھ پردیسی، پریم ناتھ در، تیرتھ کاشمیری، سوم ناتھ ذتشی، علی محمد لون، قدرت اللہ شہاب، ٹھاکر پونچھی، پشکر ناتھ، نور شاہ حامدی کاشمیری، وریندر پٹھواری، آنند لہر، دیپک بدکی، وحشی سعید، غلام نبی شاہد، ترنم ریاض وغیرہ قابلِ ذکر ہیں۔

ریاست میں اردو افسانے کی بنیاد کے تعلق سے نور شاہ لکھتے ہیں :

"آج جب ہم ریاست جموں وکشمیر میں اردو افسانے کی بات کرتے ہیں تو پریم ناتھ پردیسی کا نام سامنے آتا ہے شاید اس لیے کہ ریاست میں اردو افسانے کی باقاعدہ ابتداء پردیسی سے ہوئی اگرچہ ان سے پہلے بھی کئی افسانہ نگاروں نے افسانے لکھے لیکن پردیسی کے افسانوں کی اہمیت اور انفرادیت کا اندازہ اس بات سے لگایا جاسکتاہے کہ تقسیم ملک سے پہلے اور تقسیم ملک کے بعد بھی ان کے افسانے معیاری

جرائد میں شائع ہوتے رہے۔۔۔پردیسی کے تین افسانوی مجموعے "شام و سحر" "دنیا ہماری" "بہتے چراغ" شائع ہو چکے ہیں۔"[۱]

معاصر فکشن کی صورت حال کے تناظر میں اس مقالے میں نمائندہ افسانہ نگاروں کی تخلیقات کے آئینے میں بات کر کے اس بات کا تعین کرنے کی کوشش کی جائے گی کہ کس حد تک کشمیر میں اردو افسانے کی موجودہ صورت حال تشفی بخش ہے۔

نور شاہ اردو افسانے کا ایک اہم باب ہے جنہوں نے ۱۹۶۰ء کے آس پاس اپنے ادبی سفر کی شروعات کی۔ تاحال ان کے نو افسانوی مجموعے بے گھاٹ کی ناو، ویرانے کے پھول، من کا آنگن اداس اداس، ایک رات کی ملکہ، گیلے پتھروں کی مہک، بے ثمر سچ، آسمان پھول اور لہو، کشمیر کہانی اور ایک معمولی آدمی منظرِ عام پر آ چکے ہیں۔ نور شاہ وادی کے ایسے تخلیق کار ہے جو تخلیقی سطح پر کسی بھی صورت میں قید و بند رہنے کے قائل نہیں ہے۔ ان کے افسانوں میں ہر طرح کے موضوعات دیکھنے کو ملتے ہیں۔ ان کے مجموعے "آسمان پھول اور لہو" میں پہلی کہانی "کہانی اور چار کڑیاں" ایک خوب صورت کہانی ہے جس سے پڑھنے کے بعد قاری ایک گہری سوچ میں پڑ جاتا ہے کیوں کہ یہ ایک علامتی کہانی ہے جس میں افسانہ نگار نے ایک نیم عریاں بکھاری، ٹین کے شیڈ اور روشن کو علامتی جامہ پہنا کر کشمیر کے حالات و واقعات کی بھرپور عکاسی کی ہے۔ کہانی کے موضوع سے اندازہ ہو جاتا ہے کہ چار کڑیاں کشمیر کے چار ادوار کی علامت ہے اور نیم عریاں بکھاری کشمیر کے ظلم و جبر کی علامت اور روشن راوی کا دوست جو ایک حساس ذہن کا مالک ہے سب چیزیں

خاموشی سے قلم بند کرتے ہوئے نظر آتا ہے۔

نور شاہ کے افسانوں میں اگر چہ ابتدائی دور میں فن کی سطح پر کچھ کمزوریاں بھی دیکھنے کو ملتی ہیں لیکن پختگی کے دور تک آتے آتے انہیں فن پر عبور حاصل ہوتا گیا۔ ان کے اسلوب کی ایک اور خوبی یہ بھی ہے کہ ان کے افسانوں میں مقامی رنگ اور فضا نظر آتی ہے اور بعض اوقات فنکارانہ انداز میں یہاں کے صحت افضا مقامات کی عکاسی بھی کرتے ہیں۔ ان کے فن کے تعلق سے افسانے کا اہم نقاد مجید مضمر لکھتے ہیں :

"رومان سے حقیقت تک کے سفر میں نور شاہ کا تخلیقی برتاؤ ریاست میں اردو افسانے کو ہئیتی اور موضوعاتی سطح پر کئی نوح کے تجربات سے آشنا کرتا ہے اور افسانے کے مجموعی، عالمی سرمائے میں یہاں کے خارجی اور داخلی منظر کے حوالے سے ایک انفراد عطا کرتا ہے۔"[۲]

کشمیر میں اردو افسانے کی تاریخ کا ایک اہم نام وحشی سعید ساحل ہے جن کا افسانوی سفر کم و بیش چالیس سال پر پھیلا ہوا ہے اس دوران ان کے متعدد افسانوی مجموعے شائع ہوئے۔ پہلا افسانوی مجموعہ "سڑک واپس جارہی ہے" کے نام سے منظرِ عام پر آیا۔ دوسرا افسانوی مجموعہ "کنوارے الفاظ کا جزیرہ" اور "سڑک جارہی ہے" جیسے افسانوی مجموعے شائع ہوئے ہیں۔

ان کی ایک مشہور کہانی " بھنگی " کرشن چندر کے شہکار افسانے "کالو بھنگی " کی یاد کو تازہ کرتی ہے لیکن کرشن چندر کے "کالو بھنگی " اور وحشی سعید کے "صمد بھنگی" میں زمین آسمان کا فرق دیکھنے کو ملتا ہے۔ "کالو بھنگی " کی آخری خواہش تھی کہ ان

کے اوپر کوئی کہانی لکھ ڈالے اور گائے تک ان کی دنیا محدود تھی۔ ازدواجی زندگی کا تو سوال ہی نہیں۔ لیکن "صمد بھنگی" کی دنیا آباد تھی اور ان کی ایک ہی خواہش تھی کہ ان کے ہاں ایک خوب صورت بیٹا پیدا ہو۔ جو بڑا ہو کر ایک کامیاب بزنس مین بنے۔

"نہیں بابو! وہ بھنگی نہیں بنے گا۔ وہ آپ کی طرح بہت بڑا آدمی بنے گا۔ میں اس کو خوب پڑھاؤں گا۔"

وحشی سعید کا" بھنگی" کرشن چندر کے "کالو بھنگی" سے کئی معنوں میں ایک اچھا افسانہ ہے۔ پہلے ہی اقتباس سے قاری سوچنے پر مجبور ہو جاتا ہے کہ شاید وہ "کالو بھنگی کا دوسرا پاٹ—" پڑھنے جا رہا ہوں۔ ملاحظہ کیجئے پہلا اقتباس:

" بھنگی کا لفظ جب زبان پر آتا ہے تو یوں محسوس ہوتا ہے کہ ہونٹوں تک ایک گالی چلی آئی ہیں۔ اگر میں نے اردو زبان کی لغات کو مرتب کیا ہوتا تو اس لفظ کو کبھی شامل نہ کرتا۔۔۔ جب بھی میں لال چوک کی سڑک سے ٹانگے پر سوار گھر کی طرف جاتا تو کسی نہ کسی بنگھی کو سڑک صاف کرتے ہوئے دیکھتا۔ ایسے لمحات پر اکثر آدمیوں کے منہ لٹک جاتے ہیں۔ تب میرا دل چیخنے لگتا اور میں خود سے کہتا "اٹھو لفظوں کا گندہ لحاف اتار پھینک دو"۔۔

(افسانہ: بھنگی، ص ۴۸)

وحشی سعید کے اس افسانے کو پڑھ کر اندازہ ہوتا ہے کہ کس طرح سے یہ انسانوں کے ساتھ ہمدردی کرنے کے علاوہ ایک سماجی اصلاح کار بننا چاہتے ہیں۔ لیکن سماجی جبر کا آہنی پنجہ اس کی اجازت نہیں دیتا۔

وحشی سعید کو فن پر اچھی خاصی دسترس حاصل ہے۔ ان کی سب سے بڑی خوبی یہ ہے کہ ضخامت کے اعتبار سے مختصر سے مختصر افسانہ لکھ سکتے ہیں جس میں پلاٹ کی سطح پر کوئی کمی نظر نہیں آتی ہے بلکہ بعض اوقات پلاٹ کی ایسی ترتیب عمل میں لاتے ہیں کہ قاری حیرت میں پڑ جاتا ہے۔ نیز واقعات کی ترتیب کے عمل میں وحشی سعید قاری کو ساتھ ساتھ آگے بڑھاتے ہیں اور کہیں سطحوں پر قاری کے دل کی بات کہہ لیتے ہیں۔ وحشی سعید زندگی کے معمولی سے معمولی مسئلے کو بھی بہترین طریقے سے کہانی بنانے کا ہنر رکھتے ہیں اور غیر معمولی واقعات کو بھی فنکارانہ انداز میں بیان کرنا جانتے ہیں۔ "ارسطو کی واپسی" اسی نوعیت کی ایک بہترین کہانی ہے جس میں انسانی اقدار کی پامالی کا رونا رویا گیا ہے۔ ایسے واقعات نہ جانے روزانہ بنیادوں پر فلسطین اور کشمیر میں کتنے ہوتے رہتے ہیں۔ کہانی کا یہ خوب صورت اقتباس دیکھئے جس سے موجودہ صورت حال کی عکاسی ہوتی ہے:

"وہ عام شہری جس کو فوجیوں نے بکتر بند گاڑی کے سامنے والے حصے پر باندھ لیا تھا، اس سے سنسان شہر کی سنسان گلیوں اور سڑکوں پر گمار ہے تھے۔ وہ فوجی اپنی اس فتح پر ناچ رہے تھے۔ بگل بجا بجا کر جیت کا اعلان کر رہے تھے۔۔۔ وہ صبح بھی کالی تھی وہ شام بھی سیاہ تھی جس نے ایک عام شہری کو انسانی سپر بنتے ہوئے دیکھا۔ جس فوجی نے انسانیت کو پامال کیا اس فوجی کو اس کے کمانڈر نے بہادری کے تمغے سے نوازا۔"

(افسانہ: ارسطو کی واپسی، ص ۲۶۔۲۷)

دیپک بدکی کشمیر میں افسانوی دنیا کا ایک درخشندہ ستارہ ہے جنہوں نے اپنی

ادبی زندگی کا آغاز ۱۹۷۰ء میں شروع کیا۔ افسانہ لکھنا ان کا معمول ہے اور تحقیقی و تنقیدی مضامین لکھنا ان کا شوق ہے۔ ان کے افسانوی مجموعوں میں "ادھورے چہرے"، "چنار کے پنجے"، "زیبرا کراسنگ پر کھڑا آدمی"، "ریزہ ریزہ حیات"، "روح کا کرب" وغیرہ قابل ذکر ہیں۔ موصوف کی ادبی خدمات پر مختلف ناقدین اور محققین نے اپنے مقالات رقم کیے ہیں۔ ڈاکٹر انور ظہیر انصاری، شہاب عنایت ملک اور فرید پربتی نے "ورق ورق آئینہ۔۔ دیپک بدکی۔" کے عنوان سے ایک کتاب ترتیب دی ہے۔ دیپک بدکی نئے لکھنے والوں کے لیے ایک مشعل راہ ثابت ہوئے ہیں۔ افسانہ "زیبرا کراسنگ پر کھڑا آدمی "ان کا ایک عمدہ افسانہ ہے جس میں کشمیری پنڈتوں کی روداد کو بیان کیا گیا ہے۔

کشمیر میں مزاحمتی ادب کی تاریخ میں کچھ اہم افسانہ نگار اہمیت کے حامل ہیں جن میں غلام نبی شاہد، منصور احمد منصور، شبنم قیوم، ریاض توحیدی، ایثار کاشمیری وغیرہ قابلِ ذکر ہیں۔ غلام نبی شاہد کا افسانوی مجموعہ "اعلان جاری ہے "جو ۲۳ کہانیوں پر مشتمل ہیں بیشتر کہانیاں کشمیر کے سیاسی منظرنامے کی روداد بیان کرتی ہیں۔ خاص طور سے افسانہ "آجادی " جس میں ایک معصوم بچے کا جواب سن کر ڈیوٹی پر تعینات فوجی سریندر دیکھتا ہی رہ جاتا ہے:

"سریندر یہ سب دیکھ رہا تھا۔ وہ آگے بڑھا اور جیب سے دس روپیہ کا نوٹ نکال کر محی الدین کے ہاتھ میں تھما دیا اور سامنے سے ایک چپس کا پیکٹ اٹھا کر بچے کے قریب آگیا اور چپس کا پیکٹ بچے کے ہاتھوں میں تھمتے ہوئے بولا۔ یہ لو اب تو چپ ہو جاو۔۔۔ چپس کا پیکٹ لے کر بچہ فوراً چپ ہو گیا۔ سریندر بچے کو خاموشی سے

دیکھتا رہا پھر قدرے اطمنان سے پوچھا۔ "شاباش۔۔۔اب بولو اور کیا چاہیے" بچے نے چپس کے پیکٹ سے کھیلتے ہوئے اسی اطمنان سے جواب دیا۔۔۔"آجادی"۔" (حوالہ، آجادی، اعلان جاری ہے، ص ۵۵۔۵۴)

اسی طرح کی مختلف کہانیاں ان کے افسانوی مجموعے میں شامل ہیں۔ یہ بات تو صاف ظاہر ہے کہ غلام نبی شاہد کے سبھی افسانے کشمیر سے تعلق رکھتے ہیں۔ ان کے افسانوں میں گولیوں، بم دھماکوں، چھاپہ ماریوں، تلاشیوں، شناختی پریڈوں، پولیس حراستوں، ہلاکتوں اور غائب نوجوانوں کی روداد قلم بند کی گئی ہے۔ کہیں کہیں استعاروں اور علامتوں جیسے کتوں، ابابیلوں وغیرہ کے ذریعے بھی اپنا مدعا پیش کرنے کی کوشش کی گئی ہے۔

منصور احمد منصور کشمیر میں اردو افسانے کا اہم نام ہے "یہ بستی عذابوں کی" ان کا افسانوی مجموعہ ہے جس میں ۱۴ افسانے شامل ہیں۔ بیشتر افسانوں کا محور و مرکز کشمیر ہے۔ ان کے یہاں بعض اوقات داستانوی فضا اور دیومالائی اساطیر کا استعمال دیکھنے کو ملتا ہے۔ منصور احمد منصور کا تخلیقی کینوس نہایت وسیع اور گنجلک ہے۔ ایک عام قاری ان کے ساتھ انصاف نہیں کر سکتا ہے اور نہ ہی موضوع کے بنیادی کریکس تک رسائی حاصل کر سکتا ہے۔ ان کے افسانوں میں بعض اوقات ایسے مقامات سامنے آتے ہیں جہاں سے قاری بھاگنے کی کوشش کرتا ہے لیکن ایک باذوق قاری ان کے افسانوں میں تخلیقی سطح پر خیالات کے دریا میں بہتا چلا جاتا ہے کیوں کہ اس سے یہ علم بخوبی ہوتا ہے کہ مصنف ناخدا بن کر مجھے بھنور سے بہ حفاظت منزل تک پہنچائے گا۔ مصنف کی افسانوی بوطیقا انتظار حسین کی طرح

مختلف النواع حیثیت رکھتی ہے جہاں مختلف علامتیں استعمال میں لائی جاتی ہیں اس تعلق سے اقتباس پیشِ خدمت ہے:

"اس شہر کے بیچوں وبیچ ایک بڑی شاہراہ ہے جو شاہراہ ستم کہلاتی۔ یہ شہر کی قابلِ دید شاہراہ ہے۔ اس شاہراہ پر خواجہ سگ پرست کی حکمرانی ہے اس لیے آدمی قید میں ہیں اور کتے آزاد۔ شاہراہ ستم کے ایک طرف آہنی پنجرہ ہے جس میں پیرو جوان قید ہیں۔۔"

(حوالہ: یہ بستی عذابوں کی، ص ۱۰۷۔۱۰۸)

ریاض توحیدی بھی کشمیر میں ایک اہم افسانہ نگار کی حیثیت سے پہچانے جاتے ہیں جن کے دو افسانوی مجموعے "کالے پیڑوں کا جنگل" اور "کالے دیوؤں کا سایہ" منظر عام پر آچکے ہیں۔ ریاض توحیدی سماجی رابطہ گاہوں پر اپنی تخلیقات کو منظرِ عام پر لانے میں اکثر فعال رہتے ہیں۔ ان کے بیشتر افسانے آن لائن جرائد میں چھپتے رہتے ہیں۔ ان کے افسانوں میں "کالے دیوؤں کا سایہ "گمشدہ قبرستاں، زہریلے ناخدا، جنازے، گلِ قصائی، چھوڑ دو میں کشمیر کے موجودہ حالات وواقعات کو علامتوں اور استعاروں کے ذریعے پیش کیا گیاہے۔ افسانہ "چھوڑدو" میں کشمیر کے ان ہزاروں معصوم لوگوں کی بد نصیبی کی کہانی ہے جسے موصوف نے ستر سالہ ضعیف جبار چاچا کے حوالے سے بیان کیا ہے اور جس کا اکلوتا جوان بیٹا اور بیٹی ظلم کے شکار ہو کر موت کا پیالا پی جاتے ہیں۔ جبار بھی ان کئی لوگوں کی طرح زندگی گزارنے پر مجبور ہو جاتا ہے جو اپنے لختے جگروں سے محروم ہوئے ہوں۔ اسی نوعیت کی ایک کہانی "کالے دیوؤں کا سایہ "ایک دردناک کہانی ہے جس میں افسانہ

نگار نے بڑے ہی فنکارانہ انداز میں علامتوں کا سہارا لے کر فوج کے ظلم و تشدد کو عریاں کرنے کی کوشش کی ہے:

"سالے۔۔۔! پیچھے کیوں ہٹے۔۔۔؟ ان کتوں کو جلدی جلدی یہاں سے ہٹاؤ، ہوا میں بدبو پھیل رہی ہے

۔۔۔ان۔۔۔ان میں ایک انسانی لاش بھی ہے۔۔۔اس کو بھی یہاں سے دفع کرو اور ان کتوں کے ساتھ کسی نالے میں ڈال۔۔۔"

(حوالہ: کالے دیوؤں کا سایہ، ص ۴۲)

اس اقتباس سے اندازہ ہو جاتا ہے کہ کالے دیوؤں کی نظر میں وادی کے انسانوں کی قدر و قیمت ایک مردے کتے سے بھی بدتر ہے۔

برِ صغیر کے ادبی افق پر جو خواتین افسانہ نگار سامنے آئیں ہیں ان میں وادی سے تعلق رکھنے والی مشہور افسانہ نگار ترنم ریاض اہم ہے۔ ترنم ریاض اردو افسانے کی تاریخ میں ایک اہم مقام حاصل کر چکی ہے۔ دلی، ممبی اور کشمیر کے امتزاجی کلچر کی نمائندہ تصویریں بھی ان کے یہاں نظر آتی ہے کہ سکتے ہیں کہ موصوفہ جموں و کشمیر کی سب سے اہم خواتین افسانہ نگار ہے جنہیں اپنی افسانوی کائنات کی بنا پر جو شہرت اردو دنیا میں ملی وہ بعض اعتبار سے قابلِ غور ہے۔ بقولِ نارنگ:

"ترنم ریاض وادی کشمیر کا گلِ نورس ہے جس نے افسانے کی دنیا میں قدم رکھا ہے جہاں زمین سخت اور آسمان دور ہے۔"[۳]

ان کی افسانوی کائنات قدرے مختلف ہے ان کے یہاں ہر قسم کے احساسات، جذبات، مشاہدات اور تجربات کی عکاسی نہایت ہی نازک انداز سے ملتی

ہے۔ان کا افسانوی ڈکشن امتزاجی مزاج رکھتا ہے جس میں رومانی فضا بھی نظر آتی ہے دکھ اور غم کی داستان بھی ملتی ہے۔ موضوعاتی تنوع ان کی تخلیقات کا خاصہ ہے عورتوں کے مسائل کی عکاسی ان کا پسندیدہ موضوع ہے۔ عورتوں پر ہو رہے ظلم،ازدواجی زندگی میں عورتوں کی حد سے زیادہ قربانیاں اس نوعیت کے نازک مسائل ہیں جن کی طرف موصوف نے توجہ دی ہے۔ "بلبل" اسی نوعیت کی ایک کہانی ہے۔افسانہ "رنگ" میں اقدار کی پامالی کا ذکر ملتا ہے۔

"شہر" ان کا مشہور افسانہ ہے جس کے متعلق مصنفہ کی رائے ہے کہ "لکھنے کے بعد میں اس افسانے کو پڑھنے کی جرات نہ کر سکی"۔یہ افسانہ ایک عجیب فضا پیش کرتا ہے۔ایک دلدوز کہانی ہے جس میں ایک نوجوان اپنے دو بچوں کے ساتھ شہر کی رونق اور بچوں کے مستقبل کے پیشِ نظر قصبے سے اپنا تبادلہ شہر میں کراتا ہے اور وہاں باقی لوگوں کی طرح شہر کی گھما گھمی میں کھو جاتے ہیں اور اس طرح باقی لو گوں کی طرح نوجوان کی بیوی کی موت کی خبر چودہ منزلہ عمارت میں دفن ہو جاتی ہے۔

کشمیر میں معاصر افسانہ نگاروں کی فہرست کافی طویل ہے جن میں ناصر ضمیر، پرویز مانوس، مشتاق احمد کینی، شیخ خالد کرار، میر ایوب، مقبول ساحل، ریاض توحیدی، طارق شبنم، راجہ یوسف، نعیمہ مہجور، سیدہ نسرین نقاش، واجدہ تبسم، نیلوفر ناز نحوی وغیرہ قابلِ ذکر ہیں۔(فہرست سازی مقصود نہیں ہے)

ڈاکٹر نیلوفر ناز نحوی کشمیر کی ایک اہم خواتین افسانہ نگار ہیں جنہوں نے سیاسی موضوعات سے ہٹ کر یہاں کی گھریلو عورت کے جذبات و احسات اور جنسی

مسائل کو خوبصورتی سے برتنے کی کوشش کی ہے۔ان کے متعدد افسانوی مجموعے شائع ہوچکے ہیں جن میں "چنار کے برفیلے سائے ۲۰۱۳ء، خاموش آسمان ۲۰۱۵ء، اور روزن پہ میرے چاند ۲۰۱۸ء قابل ذکر ہیں۔

طارق شبنم کشمیر میں معاصر اردو افسانہ نگاری کے حوالے سے ایک بہترین نام ہے جو تقریباً ہر ہفتے کشمیر عظمیٰ کے ادب نامہ میں ایک نئی تخلیق کے ساتھ چھپتے ہیں۔ اصل نام طارق احمد شیخ ہے لیکن ادبی حلقوں میں طارق شبنم کے نام سے جانے جاتے ہیں۔ انہوں نے اپنے افسانوی سفر کا آغاز ۲۰۱۰ء میں افسانہ "مجبوری" سے کیا ہے یہ افسانہ "ہند سماچار" جموں نے شائع کیا۔اب تک ان کے متعدد افسانے رسائل و جرائد میں چھپ چکے ہیں۔

افسانوی مجموعہ "گمشدہ دولت" حال ہی میں منظر عام پر آیا ہے۔ اس مجموعہ کو جی۔این۔کے پبلی کیشنز (بڈگام، کشمیر) نے ۲۰۲۰ء میں شائع کیا ہے۔ یہ ان کا پہلا افسانوی مجموعہ ہے جس میں ۲۷ افسانے شامل ہیں جن میں بے درد زمانہ، اندھیرے اجالے، صدمہ، کہانی کا المیہ، دہشت کے سائے، اعتبار، گمشدہ دولت، مسیحا کی تلاش، نسخہ کیمیا، سنہرا پھندا وغیرہ اہمیت کے حامل ہیں۔

افسانہ "بے درد زمانہ" اس مجموعے کی پہلی کہانی ہے۔ یہ کہانی ایک مچھیرن "سندری" کی زندگی پر مبنی ہے۔ افسانہ نگار نے اس کہانی کے ذریعے ایک طرف سماج پر طنز کیا ہے کہ کس طرح سے ایک بے رحم سماج میں ایک مجبور، لاچار اور بے بس عورت کا مزاق اُڑیا جارہا ہے۔ دوسری طرف اس افسانے میں یہاں کے گورنمنٹ اسپتالوں کا حقیقی نقشہ بھی کھینچا گیا ہے جس میں "سندری" جیسی سینکڑوں

عورتیں استحصال کا شکار ہو جاتی ہیں۔ کہانی کی آخری دو سطور اس کہانی کا کلائمکس بیان کرتا ہیں:

"اس بے درد زمانے میں، میں اکیلی عورت بے سہارا عورت کیا کروں۔ کس سے مدد مانگوں، کہاں انصاف ڈھونڈوں، یہاں صرف پتھر دل انسان ہیں، پتھر کے ضمیر ہیں، چاپلوسی، فریب، حرص اور خود غرضی ہے" (افسانہ: بے درد زمانہ)

اس اقتباس سے کہانی کا روح مترشح ہو جاتا ہے کہ کس طرح سے موجودہ سماج میں انسان ہی انسانیت کا جنازہ نکالتا ہے اور دنیا کے عقلمند اور دانش یافتہ لوگ اس چیز کا لطف اُٹھاتے ہیں۔

مذکورہ کہانی کا پلاٹ منظم اور سادہ ہے۔ بیانیہ اسلوب کا خوبصورت امتزاج، خود کلامی اور فلش بیک تکنیک کا استعمال ہوا ہے۔ البتہ کہیں کہیں جملوں کی ساخت کمزور پڑ جاتی ہے لیکن اس سے کہانی کی معنوعت اور وحدت تاثر میں کوئی رکاوٹ پیدا نہیں ہو جاتی ہے۔

راجہ یوسف بھی طارق شبنم کے معاصرین میں سے ہے جنہوں نے اردو افسانہ کو اپنے سادہ ڈکشن اور منفرد اسلوب کی وجہ سے نئے موضوعات سے ہمکنار کیا ہے۔ ان کا بھی باضابطہ طور پر کوئی مجموعہ سامنے نہیں آیا ہے حالانکہ ان کا پہلا افسانہ ۱۹۸۳ء میں "دیوار کے اس پار" کے نام سے رسالہ "کاشیں" جو اننت ناگ سے نکلتا تھا میں شائع ہوا تھا اور جس کا سلسلہ ۱۹۸۹ء تک جاری رہا، لیکن ذریعہ معاش کے لیے انہوں نے دوردرشن سرینگر کا رخ کیا جہاں سے انہوں نے اردو اور کشمیری ڈرامے لکھنے شروع کیے۔ ان کا افسانوی جمود تب ٹوٹا جب ان کے دوست نے کشمیر سے ایک

روزنامچہ "کشمیر عظمیٰ" کے نام سے نکالا، جو آج یہاں کے اردو اخباروں میں ایک نمایاں نام ہے۔ ان کے ہی کہنے پر انہوں نے ۲۰۱۲ء۔ ۲۰۱۳ء سے اپنے افسانوی سفر کو پھر سے بحال کر دیا ہے جو الحمد اللہ آج تک زوروں سے جاری و ساری ہے۔ ان کی بہترین کہانیوں میں ناقابلِ تنسیخ، تاجو قصائی، دستِ تنہائی، بزدل، بلبل اور باز، جنگل راج وغیرہ قابل ذکر ہیں۔ راجہ یوسف اپنے معاصرین سے اس لیے منفرد ہے کہ ان کے یہاں مقامی موضوعات کے علاوہ برصغیر کے موجودہ حالات و اقعات کی عکاسی دیکھنے ملتی ہے۔

کلام حاصل یوں رقم کیا جاسکتا ہے کہ کشمیر میں معاصر اردو افسانے کی صورت حال کا جائزہ لے کر کہا جاسکتا ہے کہ کشمیر میں اردو افسانے کا مستقبل روشن اور تابناک ہے جس کو مندرجہ بالا تخلیق کار فروغ بخشنے میں پیش پیش ہے۔

***

اردو زبان و ادب کی تحقیق و تنقید سے متعلق

تین اہم کتابیں

اردو کی بات

(حصہ: ۱، ۲ اور ۳)

مرتبہ : مکرم نیاز

بین الاقوامی ایڈیشن منظر عام پر آچکا ہے